I0154018

LES AVENTURES

D'UNE

GRANDE DAME

PAR RABAN

PARIS

GIROUX ET VIALAT, ÉDITEURS

—

1848

LES AVENTURES

D'UNE

GRANDE DAME

LAGNY. — IMPRIMERIE DE GIROUX ET VIALAT.

Maria et le capitaine Roch.

LES AVENTURES

D'UNE

GRANDE DAME

PAR

RABAN

PARIS

GIROUX ET VIALAT, ÉDITEURS

12, RUE DE SAVOIE

—

1848

LES AVENTURES

D'UNE

GRANDE DAME

———————

L'ONCLE DOMINIQUE.

Figurez-vous un beau et grand jeune homme de vingt ans, aux cheveux noirs, à l'œil bien fendu, à l'air dégagé, ayant deux habits, dont un très frais et à la dernière mode, et recevant régulièrement par mois la somme énorme de cent cinquante francs, prix de trois cent cinquante heures du travail le plus matériel, le plus insipide, le plus nauséabond qu'il soit possible de trouver sur cette terre, où, Dieu merci, les travaux et les travailleurs ne manquent pas, ce qui est fort agréable pour ceux qui ne font rien, et ont contracté l'excellente et louable habitude de vivre aux dépens de ceux qui font quelque chose.

Quand vous vous serez figuré cela, je vous dirai que ce beau jeune homme n'est ni un artiste distingué sans patron, ni un maître de danse, ni un homme de lettres aux gages d'un libraire ayant cabriolet, toutes choses que vous pourriez raisonnablement soupçonner en comparant l'énormité du travail à l'exiguité de la rétribution. Ce beau jeune homme, qui se nomme Ernest Darbilli, est tout simplement un clerc de notaire qui, après avoir, toute la semaine, grossoyé des contrats, danse à la Chaumière le dimanche, boit deux bouteilles de bière, mange six échaudés, rentre chez lui, et dort comme une marmotte jusqu'au lendemain, à moins pourtant qu'avant de se mettre au lit, il ne s'avise de penser à la belle Maria, fille unique du marquis de Valbois, qu'il a eu l'occasion de voir quelquefois, attendu que l'hôtel du marquis est voisin de la maison du notaire ; car alors plus de sommeil, plus de repos : le pauvre garçon soupire, se promène de long en large dans sa mansarde de dix pieds carrés, et passe des heures entières à regarder par sa lucarne les fenêtres de l'hôtel du marquis.

Oh ! c'est qu'elle est si jolie, Maria ! il y a tant de grâce dans ses moindres mouvements, tant de volupté dans ses regards !

Et puis ces lèvres vermeilles, ces rangées de perles, cette taille si svelte, et ces pieds si petits qui tiendraient tous deux dans une main d'Ernest... Il y avait certainement en tout cela dix fois plus qu'il n'en fallait pour faire sécher sur pied l'infortuné clerc. Aussi devint-il bientôt méconnaissable ; il ne chantait plus, passait des jours entiers sans faire un seul calembourg, et déjà, depuis quelque temps, le voisinage ne retentissait plus des sons joyeux de son flageolet. Tout cela ne l'avançait guère : ce n'était pas le bon chemin ; mais il n'était pas facile d'en prendre un autre. Comment pénétrer chez le marquis? sous quel prétexte aborder Maria? C'est surtout en pareil cas que le premier pas est difficile. Et cependant Ernest ne manquait pas d'audace ; il avait l'imagination assez vive ; et, au besoin, les bons conseils ne lui manquaient pas, car c'était là une monnaie dont M. Dominique Darbilli, son oncle, n'était pas avare.

C'était un viveur, que M. Dominique ; malgré les cinquante printemps, ou, si vous l'aimez mieux, les cinquante hivers qui avaient passé sur sa tête, il était resté garçon, frais, dispos, comme à vingt ans, et toujours disposé à rendre service à ses amis, ce qui lui était d'autant plus facile, qu'il avait eu le bon esprit de conserver intacte la moitié des vingt mille francs de rentes que lui avait légués son respectable père.

Ernest, comme on l'imagine, faisait de fréquents emprunts à la bourse de son oncle. Quant aux conseils, il s'en était peu soucié jusque-là; mais l'heure était venue où le jeune homme devait préférer les conseils aux espèces. C'était un dimanche, l'oncle et le neveu dînaient tête à tête au *Cadran-Bleu*. Dominique mangeait comme quatre; Ernest soupirait de manière à fendre les murailles, et ne mangeait point.

— Ça, mon garçon, s'écria Dominique, qui, depuis le hors-d'œuvre jusqu'au dessert, avait attentivement observé son neveu, qu'est-ce que cela veut dire, je te prie? Me prends-tu par hasard pour un Huron, un Topinambou, un Hottentot?.. pour un animal hétéroclite, carnivore et inconstitutionnel?..... C'est que, vois-tu,

Ernest, je ne suis pas d'humeur à entendre longtemps de cette oreille-là?... Comment, mille dieux! je commande pour deux,
je mange pour six; je lâche trois boutons au
deuxième service, et, depuis une heure, tu
es là comme un pénitent dans la semaine
sainte... ça n'est pas naturel... Me forcer
de renvoyer presque intact un poulet sauté
aux truffes!... à ton âge... mais c'est un
véritable phénomène... Des truffes! à vingt
ans, j'en aurais mangé sur le maître-au-
tel.....

— Mon Dieu, mon cher oncle, il n'y a
pas de quoi se fâcher si fort : je n'ai pas
faim, voilà tout le mystère...

— Eh! justement, mon ami, à vingt ans
n'avoir pas faim au Cadran-Bleu, cela n'est
pas dans l'ordre naturel des choses... Il
faut que tu sois malade..... Voyons ton
pouls; je parie que tu as la fièvre... Oh! ce
n'est pas aux vieux singes qu'on montre à

faire la grimace.... Eh bien ! voyons, conte-moi cela...

—Merci ; j'ai encore les trois louis qne
vous m'avez donnés il y a huit jours.

—C'est peut-être le mal du pays qui te
tourmente ; tu voudrais aller passer quelques jours auprès de la bonne maman?

—Oh! je ne consentirais pour rien au
monde à quitter Paris.

—Serait-ce que la profession que tu as
embrassée te déplaît ?

—Il est vrai qu'elle n'est pas fort agréable ; mais je m'y accoutume.

—Parbleu ! j'y suis ; je gage que tu es
amoureux ?... Ah! ah! ah !| c'est singulier
que je n'aie pas deviné ça tout de suite ;
car je puis me vanter d'être expert en la
matière... Comment, mon pauvre garçon,
tu t'avises d'être amoureux, et tu ne m'en
dis rien!... Tu as bésoin d'un guide, d'un
conseil sûr, et tu ne trouves rien de mieux,
pour te procurer cela , que de te laisser

mourir d'inanition? Et d'abord, Ernest,
il faut te dire que tu es dans la mauvaise
voie; quand on a vingt ans, bon pied, bon
œil; il faut savoir joindre à tous ces avantages de l'aplomb et marcher droit au but...
Pauvre garçon, va!... Allons, avale-moi
ce verre de madère.... Est-ce que je ne sais
pas ce que c'est, moi qui ai passé la moitié
de ma vie à être amoureux... Garçon! une
bouteille de champagne... cela nous don-
nera des idées... Maintenant, mon gaillard, j'espère que vous allez me racon-
ter...

— Que voulez-vous que je vous dise,
mon cher oncle? quand j'aurais l'audace et
la résolution que vous me souhaitez, que
je ferais six repas au lieu de quatre, et que
je dormirais quinze heures par jour, cela
ferait-il que Maria ne fût pas la fille du
marquis de Valbois? cela me donnerait-il
entrée chez le marquis? cela me rendrait-il
intéressant aux yeux de Maria, qui ne se

doute seulement pas du feu que ses beaux
yeux ont allumé dans mon cœur?... Oh!
je suis bien malheureux.

— Ah! c'est une autre affaire!... Diable! tu vas tout d'abord t'attaquer à des
filles de marquis!... Tu me diras qu'on n'est
pas maître de cela, à la bonne heure; que
les marquis n'ont pas le privilége d'engen-
drer des Lucrèces, j'en conviens... et que
lorsque l'on est taillé comme toi, et qu'on
a l'avantage d'avoir un oncle comme moi,
on doit réussir partout, c'est parfaitement
vrai; mais..... Ah ça! sacredié! comment
veux-tu qu'il nous vienne de bonnes idées,
si nos verres restent toujours pleins?...

Les verres furent vidés d'un trait; puis
remplis, puis vidés de nouveau.

—Ne trouves-tu pas que cela commence
à venir?

— Quoi? mon oncle.

—Eh pardieu! les idées... Moi, j'en
sens déjà quelques petites qui me déman-

gent le cerveau... La fille du marquis ignore que tu l'aimes ; mais elle n'ignore pas qu'elle est aimable : les femmes n'ignorent jamais cela ; or, puisque ce qu'elle ignore, tu ne peux ou tu n'oses le lui dire, il me paraît tout naturel de le lui écrire.

—Écrire, c'est facile; mais lui faire parvenir la lettre.....

— Doucement! doucement! c'est une seconde idée que nous trouverons probablement dans une seconde bouteille.

La bouteille vint, et au second verre l'oncle Dominique reprit :

—La clé d'or, mon garçon, est quelque chose de plus merveilleux que l'écriture, et tu sais bien que j'ai toujours quelques louis à ton service; or, ta demoiselle Maria doit avoir une femme de chambre... une gouvernante, quelque chose de semblable : d'ordinaire ce quelque chose se vend ou se donne ; cela même se donne et se vend quelquefois simultanément ; donc quand tu posséderas cela , ce qui ne te sera pas difficile , vu les moyens d'acquisition dont je viens de parler , non-seulement on recevra tes épîtres , mais on y répondra.

Il s'en fallait de beaucoup que ce succès parût aussi certain au jeune Darbilli qu'à son oncle ; cependant , grâce aux fumées bienfaisantes du champagne , à la certitude d'être , quoi qu'il arrivât , secondé par le bon Dominique , et de pouvoir puiser sans compter dans sa bourse , il reprit quelque gaieté , et cette journée se termina comme il les terminait autrefois , avant qu'il ne fût amoureux , c'est-à-dire qu'après avoir diné avec son oncle , il passa la soirée au Tivoli d'hiver , joua du flageolet en rentrant , puis se mit au lit , et ne fit qu'un somme jusqu'au lendemain matin.

UN DUEL SOUS LE RÉVERBÈRE.

C'était par une froide soirée d'hiver :
un vent du nord chassait avec violence des
myriades de flocons de neige, ce qui n'empêchait pas Ernest de se promener depuis
une heure devant l'hôtel du marquis de
Valbois. Il tenait sous son gilet et ap-
puyait contre son cœur une petite lettre
artistement pliée, dont il repassait le contenu dans sa pensée en attendant que le
hasard ou sa bonne étoile lui fît rencontrer
un domestique de la maison.

Pendant ce temps la joie régnait chez

M. de Valbois. Trente personnes assistaient au dîner; la soirée devait être nombreuse et brillante; il y avait bal masqué, la marquise avait passé six heures à sa toilette, et Maria, parée de ses grâces et de sa beauté, avait d'avance compté ce jour de plaisir au nombre des plus heureux de sa vie.

Le dîner terminé, les convives passèrent dans le salon, et Maria, qui attirait tous les regards, devint l'objet de soins empressés. Un cercle d'admirateurs s'était formé autour d'elle; l'encens fumait, et la jolie Maria, enivrée de louanges, ne s'apercevait pas des regards de dépit et d'envie que lui lançait sa mère. Et pourtant la marquise n'était point entièrement délaissée et ne méritait pas de l'être; c'était une fort jolie personne qui, malgré ses quarante ans, faisait le désespoir de plus d'un soupirant. Longtemps encore elle eût été la plus belle, si la charmante Maria n'était venue, presque sans s'en douter, lui enlever la palme.

Oh! comme elle souffrait, cette belle marquise! que d'amers regrets venaient froisser
son cœur lorsqu'elle jetait un regard sur le
passé!

C'était surtout lorsqu'elle regardait sa
fille que ces pensées la torturaient. Et cependant elle aimait tendrement Maria; elle
était fière de voir sa fille l'emporter en
grâces et en talents sur toutes les jeunes
personnes de son âge. Jamais jusqu'alors
ces divers sentiments ne s'étaient livrés un
aussi terrible combat dans le cœur de madame de Valbois : c'est que, deux fois en
cinq minutes, elle avait surpris le jeune de
Blinval jetant sur Maria de tendres regards,
et deux fois elle avait cru sentir la lame
froide d'un poignard lui traverser le cœur...
Blinval, l'homme qu'elle avait levé, Blinval qu'elle avait avec délices initié aux plus
doux mystères de l'amour, Blinval qui seul
désormais pouvait lui faire aimer la vie,

elle allait le perdre, et c'était Maria qui le lui enlevait !

— Vous êtes bien préoccupé ce soir, Adolphe, lui dit-elle en se penchant vers lui.

— Moi, Madame... mais j'admire cette coiffure qui vous sied admirablement..... Cette parure de perles est vraiment délicieuse..... Vous me rendriez fou, si je ne l'étais déjà...

— Vous me faites penser à vous complimenter sur le bon goût de votre toilette... Regardez-moi donc, mon ami..... Vous êtes bien certainement sans rival dans l'art admirable de faire le nœud d'une cravate.... Le glacé de ces gants est divin... Je ne vous connaissais pas ce bijou, Monsieur !....

En prononçant ces derniers mots, elle serrait convulsivement dans ses doigts roses et effilés une bague garnie de cheveux. Blinval tenta vainement de dégager sa main ; la marquise, qui s'était levée presque en même temps que lui, l'entraîna dans l'embrasure d'une fenêtre, et là, se contenant à peine autant qu'il le fallait pour ne pas attirer l'attention de toute l'assemblée, et faisant de vains efforts pour retenir les larmes qui se faisaient jour à travers ses longs cils, elle dit :

— Adolphe, vous me trahissez !..

— De grâce, belle amie, ne laissez pas si aisément d'injustes soupçons pénétrer dans votre esprit.

— S'ils sont injustes, hâtez-vous de les faire cesser..... A qui appartiennent ces cheveux ?...

Dès le commencement, cette scène avait été remarquée d'un jeune et brillant capitaine d'artillerie. Triste et presque immobile auprès de Maria depuis quelques instants, il s'était levé brusquement et s'était approché des deux interlocuteurs sans en être aperçu. Blinval hésitait pour répondre, et déjà la marquise répétait pour la troisième fois :

— Au nom de Dieu ! Adolphe, dis-le moi !... Dis-le moi, et je te pardonne !

— Ma foi, Monsieur, dit l'officier, c'est trop vous faire prier, et je ne vois pas pourquoi vous seriez plus discret ici que vous ne l'étiez il y a deux jours chez le colonel de Vermont..... C'était à la suite d'un déjeuner de garçons ; et, comme j'étais le seul à douter de votre véracité, vous me lançâtes de très bonne grâce, et d'une extrémité de la table à l'autre, ce billet qui avait servi d'enveloppe aux beaux cheveux en question...

Avant d'avoir achevé ces paroles, le capitaine avait déployé un petit papier, et la marquise avait reconnu la signature de Maria. De Blinval parut atterré, madame de Valbois s'efforça d'étouffer un cri prêt à lui échapper, et saisissant brusquement le bras de l'officier, elle l'entraîna hors du salon.

Adolphe n'était pas encore revenu de la stupeur dans laquelle l'avait jeté l'inconcevable action du capitaine, lorsque celui-ci reparut dans le salon et s'approcha de lui.

—Monsieur, lui dit-il, madame la marquise est dans un état affreux, et j'en suis bien aise...

— Misérable!...

— Oui, j'en suis bien aise; car plus ses souffrances seront violentes, moins elles dureront...

— Monsieur, votre conduite est...

— Atroce, je le sais.

— La rétractation ne peut me suffire.

— Me rétracter, bon Dieu! mais mon cher monsieur, je recommencerais à l'instant même ce que j'ai fait, si l'occasion s'en présentait.

— Alors vous acceptez toutes les conséquences de cette conduite que vous venez de qualifier?

— J'espère que vous n'en doutez pas: votre heure?

— A l'instant même.

— Le lieu?

— Nous le choisirons chemin faisant.

— Très bien... J'aperçois près du piano un élève de l'École polytechnique de ma connaissance: je vais lui dire un mot, et nous vous suivons.

De Blinval se hâta de sortir pour éviter les regards curieux. Il descendit rapidement dans la cour, et là, le grand air ayant un peu rafraîchi son sang qui depuis un quart d'heure bouillonnait dans ses veines, il pensa qu'il n'avait point de second. Il s'arrêta, réfléchit pendant deux secondes, et déjà il se disposait à retourner dans les appartements pour inviter quelque jeune homme de sa connaissance à l'accompagner, lorsque, à la lueur des lampes qui éclairaient la cour, il aperçut Ernest, qui, las de battre le pavé et de secouer la neige qui le couvrait incessamment, s'était déterminé à chercher un abri près de la loge du portier, espérant toujours voir paraître cette femme de chambre après laquelle il soupirait depuis trois longues heures.

— Monsieur, lui dit Adolphe en l'abordant, il me semble avoir eu le plaisir de vous voir quelque part ?

— Et moi, Monsieur, je vous reconnais parfaitement pour être monsieur de Blinval, auditeur au Conseil d'État : hier encore j'ai eu l'honneur de vous voir dans le cabinet de M. Durville, votre notaire et mon patron.

— C'est juste... Parbleu! Monsieur, puisque le hasard nous fait rencontrer ici, j'espère que nous ferons plus ample connaissance...

— Monsieur, je serai fort honoré.....

— Permettez : je n'ai pas un instant à perdre, je vais me battre tout à l'heure, et je n'ai point de second : voulez-vous bien m'accompagner?

. Jeune et amoureux, Ernest devait aimer les aventures, et il les aimait. Il accepta donc sans hésiter la proposition. En ce moment parut l'officier d'artillerie, accompagné de son second. Ils sortirent tous les quatre, et descendirent la rue de Seine sans proférer un mot.

— Par le temps qu'il fait, dit Blinval lorsqu'ils furent arrivés sur le quai, il n'est pas probable que l'on vienne nous déranger ici, et les lanternes de l'Institut nous éclaireront suffisamment.

Pour toute réponse, l'officier ôta son habit qu'il jeta sur une borne et mit l'épée à la main; Adolphe en fit autant, et prit l'arme que lui présentait le second de son adversaire.

2

— En garde! Monsieur, dit-il en grinçant des dents.

— Un instant, répondit l'officier avec le plus grand sang-froid; il est possible que je sois tué, et je ne veux laisser à personne le droit de penser que j'aie fait le mal pour le seul plaisir de le faire.

Il baissa vers la terre la pointe de son épée, passa sa main sur ses yeux, et reprit :

— J'aimais une femme, Monsieur; je l'aimais de toute la puissance de mon âme; j'avais l'espoir d'être aimé; l'aveu que je sollicitais avec ardeur, j'allais l'obtenir... Ma main avait senti battre son cœur, mes lèvres avaient effleuré les siennes; un mot, et j'étais le plus heureux des hommes.... Ce mot, je devais l'entendre ce soir.... Eh bien! tout ce bonheur, vous l'avez anéanti en un instant : vous n'avez pas voulu que le doute même me restât, et vous m'avez jeté sans pitié la preuve que cet objet de mon culte, que cette femme que je croyais encore un ange, n'était déjà plus qu'une prostituée.....

— C'en est trop!... En garde!.. En garde, vous dis-je!...

Et il agitait convulsivement son épée; mais l'officier ne releva point la sienne.

— Vous m'assassinerez ou vous m'entendrez jusqu'au bout; et puissiez-vous ressentir la millième partie des tortures que vous m'avez fait endurer!... Séduit par la mère, il ne vous a pas suffi de séduire la fille; vous avez voulu afficher la honte de cet ange tombé; vous avez jeté son nom au milieu de l'orgie, et si je n'eusse été présent, cette lettre, souillée de vin, et qui fait mon désespoir, roulerait maintenant dans les chambres d'une caserne.... Voilà votre crime, Monsieur; il est horrible, exécrable... La punition est commencée, et je vais essayer de l'achever.

A peine eut-il cessé de parler que les fers se croisèrent : la lutte fut terrible ; mais, dès les premiers coups, il avait été facile d'en prévoir le résultat, car l'officier conservait tout le calme qu'il avait montré jusque-là, tandis que Blinval, hors de lui, se bornait à charger son adversaire sans songer à se défendre. Tout à coup, au cliquetis des armes succéda un léger froissement ; Blinval tomba : l'épée de son ennemi lui avait traversé le corps. L'officier courut chercher une voiture de place, tandis que son second aidait Ernest à secourir le blessé.

— Monsieur, dit ce dernier au jeune Darbilli, je crois être blessé mortellement. C'est bien plus d'adoucir mes derniers moments que de me guérir, que je voudrais que l'on s'occupât. Et bien ! je vous le déclare, ces derniers moments seraient affreux s'il m'était impossible d'avoir un entretien de quelques secondes avec une personne que je vous nommerai dès que vous m'aurez promis de ne rien négliger pour la décider à se rendre près de moi.

— Je suis entièrement à vos ordres, répondit vivement Ernest ; disposez de moi, et comptez sur mon zèle.

—Rendez–vous donc à l'instant même chez le marquis de Valbois ; il ne s'agit que de dire quelques mots à la fille du marquis...

— Quoi !... Maria !...

— Ah ! vous la connaissez ? tant mieux, cela vous sera plus facile. Dites donc à Maria que, selon toutes les probabilités, demain, à midi, je serai mort, et que ses plus chers intérêts seraient gravement compromis, son bonheur détruit, son avenir perdu, si je rendais le dernier soupir avant d'avoir eu avec elle un entretien de quelques instants.

Prenez donc le portefeuille qui se trouve dans la poche de mon habit, il contient une lettre d'invitation pour le bal masqué que donne cette nuit M. de Valbois ; avec cela et un déguisement quelconque vous arriverez sans encombre... Je compte sur votre parole, Monsieur !...

La voiture arriva, l'officier d'artillerie disparut, son second se plaça près du blessé, et Ernest, muni de la précieuse lettre, prit le chemin de son domicile.

LE BAL ET L'AGONIE.

La torture morale qu'endurait Ernest était horrible. Il marchait comme un fou, puis s'arrêtait tout à coup, se tordait les bras, jurait de renoncer pour toujours à cette femme et de fuir les occasions de la voir ; puis il se rappelait ces paroles de Blinval : « N'oubliez pas qu'il s'agit de sauver l'honneur d'une femme restée pure. » Et alors il recommençait à marcher plus rapidement.

Ce fut dans cette situation d'esprit qu'il

arriva chez lui, où son oncle Dominique l'attendait.

— Eh! arrive donc, mon garçon!... Ah ça! quelles nouvelles?... Je parie que la jolie personne..... Mais quel diable d'air as-tu? comme te voilà fait!... Dieu me pardonne! c'est du sang que tu as aux mains..... Est-ce que par hasard tu te serais battu?...

— Eh! oui, oui! c'est du sang! s'écria Ernest; mais ce n'est pas le mien, et ce n'est pas moi qui l'ai versé..... J'avoue, pourtant, que si j'avais su plus tôt... mais c'est une longue histoire dont j'ignore encore le commencement et la fin.

— Mais, mon garçon, c'est un roman à la Tour du nord que tu commences là!.. Et tu voudrais que je t'abandonnasse avant la fin du premier chapitre?

— Je veux, mon cher oncle, voir Maria; je veux lui parler, éclairer mes doutes, la sauver si cela est encore possible, et, dans tous les cas, remplir un devoir sacré... Je veux cela, et je vous déclare qu'il n'y a pas de puissance humaine capable de me faire changer de résolution... Adieu ! demain, quand tout sera fini, ma première visite sera pour vous.

A ces mots, et sans attendre de réplique, Ernest, qui en parlant, avait mis dans ses poches tout l'argent qu'il possédait, s'élança et disparut.

Muni de la précieuse lettre que lui avait remise Blinval, et caché sous un ample domino, Ernest pénétra facilement chez le marquis de Valbois. Il y avait beaucoup de monde, on avait cependant commencé à danser. Peu à peu, le groupe qui environnait Maria s'éclaircit ; de sorte qu'Ernest était près, tout près de la maîtresse de son cœur, lorsque quelques coups d'archet annoncèrent que les quadrilles se formaient. L'occasion était précieuse ; Darbilli s'arma

de résolution, fit, sans trop trembler, son
invitation, et s'empressa de saisir cette
petite main qu'on lui présentait en souriant... Il sembla au pauvre enfant que le
paradis s'entr'ouvrait ; la joie et l'admiration le rendirent muet, et, pendant cinq
minutes, il fit inutilement des efforts incroyables pour adresser la parole à sa jolie
danseuse. Il souffrait horriblement ; ses
mains étaient brûlantes, la sueur ruisselait
sur son corps ; aussi brouilla-t-il la première figure, et fit-il manquer entièrement
la seconde.

— J'espère que nous nous en tirerons
mieux à la troisième, dit en riant Maria.

— Ah! Mademoiselle, si vous pouviez
deviner ce qui se passe en moi!... combien je souffre!... Et pourtant, je ne cé-
derais pas ma place pour toutes les richesses
du monde...

Cette fois, il figura parfaitement, et de

manière à se faire une réputation de dan-
seur.

— Beau masque, dit Maria, vous l'a-
viez fait exprès, et cela n'est pas bien...
Je me plaindrais bien certainement de vous,
si je savais votre nom, ajouta-t-elle en
riant; mais j'ai beau vous écouter et chercher dans mes souvenirs, je ne puis reconnaître votre voix.

— C'est que, très probablement, vous
l'entendez aujourd'hui pour la première
fois... Je serais l'homme le plus heureux
du monde, si vous vouliez bien que ce ne fût
pas la dernière...

Le premier pas était fait, et Ernest,
assez content de lui-même, se sentit capable d'aller beaucoup plus loin.

— Ah! Mademoiselle, lui dit-il, lorsque, après la dernière figure, ils furent
assis l'un près de l'autre, si vous saviez
combien de fois j'ai rêvé le bonheur que je
goûte aujourd'hui! combien de fois mon

cœur a battu avec violence à la seule pensée de pouvoir un jour sentir votre main
dans la mienne, d'entendre votre douce
voix et de voir vos beaux yeux se lever sur
moi !

— Qui êtes-vous donc, Monsieur ? dit
vivement la jeune fille, dont le charmant
visage s'était couvert d'une vive rougeur.

— Un homme qui ne peut désormais
que vivre et mourir pour vous ; un homme
qui, je l'espère, sera bientôt assez heureux pour déjouer les complots des misérables qui veulent vous perdre...

— Grand Dieu !

— Silence ! je vous en conjure... Il y
va de l'honneur de toute votre famille.

— Oh ! par grâce, ne me laissez pas
dans cette horrible anxiété !

— Eh bien ! dites-moi que vous m'acceptez pour votre défenseur...

— Mais, au nom de Dieu ! qui êtes-vous
donc ?

—Je me nomme Ernest Darbilli; je suis l'un des clercs du notaire de votre père; et, il y a quelques heures, j'ai été le témoin d'une horrible scène...

—Mon Dieu! protégez-moi!... que vais-je entendre!...

—Monsieur de Blinval...

Marie pâlit, se couvrit le visage de ses deux mains, et sembla attendre son arrêt de mort.

—De grâce! Mademoiselle, remettez-vous, je le répète, il n'y va pas seulement de votre honneur.

—Je vous écoute, dit-elle en s'efforçant de paraître calme..... Vous disiez que monsieur de Blinval.....

— N'a peut-être que peu d'heures à vivre, et il est indispensable que vous vous rendiez près de lui.

Maria parut anéantie.

—Je ne vois point monsieur Roch? dit-elle.

3

Il sembla à Ernest qu'il avait entendu récemment prononcer ce nom.

— Roch! dit-il, n'est-ce pas le nom d'un officier d'artillerie ?

— Oui, Monsieur.

— C'était l'adversaire de monsieur de Blinval.....

Maria sentit ses genoux fléchir ; ses yeux se fermèrent, elle serait tombée si Ernest ne se fût empressée de la soutenir.

— Retirez-vous, Monsieur, dit-elle enfin à Darbilli, et tâchez de trouver une voiture. Dans quelques instants je serai à la porte du vestibule, et je compte sur vous pour m'accompagner.

Ernest n'eut garde de la faire répéter ; il disparut aussitôt, et dix minutes ne s'étaient pas écoulées, que, assis près de la jeune fille dans une voiture de place, ils s'avançaient vers le domicile du blessé.

— Je ne sais, dit Ernest, si vous me permettrez de vous accompagner jusqu'au

chevet de monsieur de Blinval; mais j'espère au moins que vous me permettrez de
vous attendre à sa porte.

—Je ne vous demande que quelques
minutes, Monsieur; un mourant ne saurait
parler bien longtemps.... Pauvre Adolphe!
si jeûne! qu'a-t-il donc fait?

—Oh! il est bien heureux, puisque vous
le plaignez.....

—Eh! Monsieur, que penseriez-vous de
moi si je n'avais pas une larme à donner à
un si grand malheur?

Darbilli prit la main de sa belle compa-
gue, et, cette fois il se trouva le courage
de la presser sur ses lèvres. La voiture s'arrêta. Maria s'élança dans l'escalier sans
prendre le temps de répondre au portier
qui était resté sur pied toute la nuit afin
d'ouvrir la porte aux médecins et aux
domestiques qui allaient et venaient sans
cesse.

Le premier appareil était posé lorsque la

belle visiteuse fut introduite près du blessé ; et, bien que celui-ci fût très faible, et
que les médecins eussent recommandé le
repos le plus absolu, il ne voulut pas retar-
der l'entretien qu'il désirait avoir avec Maria ; il pria donc qu'on les laissât seuls.

—Ma chère Maria ! dit-il d'une voix
faible, je suis bien coupable !.. Promettez-
moi de me pardonner tout le mal que je vous
aurai fait.

—Eh! quels que soient vos torts, ne les
expiez-vous pas pas cruellement?...

—Écoutez-moi donc, Maria... Je vous
aime ; mon cœur n'a jamais battu que pour
vous.... Vous savez quel bonheur je me
promettais, quels rêves délicieux je faisais
en songeant à notre union que je croyais
être prochaine.... Je brûlais du désir de
vous donner mon nom et de vous consacrer
ma vie.... Et cependant le déshonneur vous
menace, Maria...

—Que dites-vous?... Au nom du Ciel! expliquez-vous....

Il se fit quelques instants de silence, après quoi de Blinval reprit :

— Il vous souvient de cette boucle de cheveux que je sollicitai si longtemps vainement. J'attribuais vos refus à votre froideur; je vous accusais de ne pas m'aimer; un jour, dans un moment d'exaltation, je vous dis que, puisque je ne possédais pas votre cœur, je n'avais plus qu'à mourir, et le soir même vous me remîtes ces cheveux qui me suivront dans la tombe, et qu'enveloppait un billet....

— Oui, oui, voici les cheveux, mais le billet, Adolphe, refuserez-vous de me le remettre?...

— Le billet! je ne l'ai plus.... des regards profanes l'ont souillé... Maria, n'oubliez pas que vous avez juré de me pardonner... Ce billet, un autre le possède, et cet autre vous aime... Je l'ai jeté au vent dans un moment d'ivresse, et lui l'a recueilli...

— Oh! je suis perdue!

— Mais il ne pouvait espérer de conserver ce bien qu'en prenant ma vie... Roch est bien heureux, Maria! car il vous aime et il m'a tué....

— Oh! mon Dieu! mon Dieu!... quelle horrible chose!... Adolphe! Adolphe! cela est affreux... Mais non, vous ne mourrez pas... Adolphe... oui, je vous pardonne.... Eh! n'est-ce pas moi qui vous ai tué?... Que ne l'ai-je repoussé sans pitié, cet odieux capitaine..... Et moi aussi j'ai besoin que vous me pardonniez, Adolphe... Mon silence, ma politesse peut-être, l'ont encouragé... Grâce! mon Dieu, grâce!

Et, passant ses bras charmants autour du cou d'Adolphe, elle inonda de larmes son visage pâle et contracté par la douleur. En ce moment, il se fit quelque bruit dans la pièce voisine; quelqu'un insistait pour pénétrer à l'instant même près du blessé. Blinval allait sonner pour savoir de quoi il s'agissait, lorsque ces paroles se firent distinctement entendre :

— Je vous dis qu'il est indispensable que je lui parle moi-même...

— C'est ma mère ! s'écria Maria. Oh ! mon Dieu ! que de maux en un jour !...

Quittant précipitamment le chevet du lit, elle se retira dans un cabinet voisin, et, presque au même instant, la marquise entra dans la chambre.

— Adolphe, dit-elle en s'approchant du blessé, quelque horrible que soit votre conduite, je ne viens point vous faire de reproches : j'ai eu les premiers torts.... Faible femme, je n'avais pu me résoudre à renoncer aux illusions de la vie ; un cœur jeune et aimant m'empêchait de songer à mon âge... J'étais si heureuse de vous aimer! et votre amour m'était si précieux!... Mais il a bien fallu que je me rendisse à l'évidence ; il m'a bien fallu reconnaître que l'ambition seule vous tourmentait : j'ai des amis puissants, et vous vouliez devenir puissant. Je me croyais la femme selon votre cœur, et je n'étais que l'instrument de votre fortune... Et comment auriez-vous aimé la femme dont les bienfaits ne vous inspiraient pas même de reconnaissance ?... Vous avez perdu ma fille, Monsieur...

— Par grâce, Madame, ménagez-moi.

— J'ai tort ; je m'étais interdit le reproche. C'est une réparation que je suis venue vous demander. Jurez-moi que vous épouserez Maria. Quant à moi, ma résolution est prise : dès aujourd'hui, je quitte Paris pour n'y jamais revenir... Jurez donc, Monsieur...

— Eh ! Madame, à quoi bon ce serment, lorsqu'il ne me reste que quelques heures à vivre ?...

— Vous refusez, malheureux !

— Il refuse, le traître ! s'écria la jeune fille.

Et, sortant brusquement, elle vint tomber sans connaissance aux pieds de sa mère.

Au bruit de cette scène, les domestiques accoururent, et madame de Valbois parvint à se contenir devant eux.

— Occupez-vous de votre maître, dit-elle en prodiguant elle-même des secours à sa fille.

Au bout de quelques instants, Maria recouvra l'usage de ses sens.

— Adieu, ma chère enfant, lui dit la marquise; embrasse-moi, et pardonne-moi comme je te pardonne... Peut-être ne devons-nous plus nous revoir !

A ces mots, elle sortit de la chambre et disparut ; une heure après, elle avait quitté Paris.

Pâle et dans le plus grand désordre, Maria revint prendre place près d'Ernest,

3

qu'une si longue absence commençait à in-
quiéter vivement, et auquel l'émotion de la
jeune fille ne pouvait échapper.

— Au nom de Dieu! Monsieur, lui dit-
elle, ne m'abandonnez pas!..

— Vous abandonner!... moi! Eh! ma
vie n'est-elle pas à vous?... Que dois-je
faire? parlez, je vous en conjure!...

— Je ne sais encore... mais, puisque
toute cette horrible histoire vous est con-
nue... il serait important que nous nous
vissions quelquefois... souvent même, le
plus souvent possible.... Cherchez, de
grâce! Monsieur... vous trouverez certainement quelque prétexte pour vous présenter à l'hôtel... Mon père est affable ; il est
très facile de gagner son amitié : il vous
aimera bientôt, j'en suis sûre, il vous aimera, et moi, Monsieur...

— Oh! Maria, achevez... quelques mots
encore... Oui, je saurai me rendre digne
de tant de bonheur!...

— Moi, Monsieur, j'espère ne laisser jamais échapper l'occasion de vous témoigner ma reconnaissance.

Ernest attendait mieux que cela ; mais, comme, en ce moment, la voiture arrivait à la porte de l'hôtel, il ne put insister ; seulement il osa prendre un baiser, recueillit un tendre soupir, et s'élançant par la portière opposée à celle qui se trouvait en face de l'hôtel, il jeta au cocher une des pièces d'or qu'il devait à la générosité de son oncle, et il disparut.

Le bal était terminé depuis plus d'une heure, et, grâce à la fatigue qui accablait les domestiques, Maria put gagner son appartement sans que son absence et son retour eussent été remarqués.

PROJETS DE MARIAGE.

— C'est vraiment quelque chose de merveilleux, disait en s'éveillant le marquis de Valbois, que le caprice des femmes !... Il y a quinze jours que la marquise me tourmente pour donner une fête splendide ; elle met l'hôtel sens dessus dessous : cela me coûte dix mille francs ; c'est à en perdre la tête ; et quand tout est prêt, que le monde arrive, et qu'il est question d'ouvrir ce bal masqué après lequel elle soupirait si fort... votre serviteur de tout mon cœur! madame la marquise disparaît comme une

ombre... C'est d'autant plus désagréable ,
que le duc de San-Attavila se trouvait dans
les meilleures dispositions... Un homme de
la plus haute naissance, qui n'a pas encore
cinquante ans , dont la fortune est colos-
sale, et qui est amoureux fou de ma fille....
Et comme si cette dernière s'était donné
le mot avec sa mère , elle se retire précisément au moment où monsieur le duc ,
quittant le jeu, se proposait de lui présenter
ses hommages.... Diable! je n'entends pas
cela, et je saurai y mettre ordre... Cette alliance se fera , corbleu !.... elle se fera ,
parce que... je veux qu'elle se fasse, et que
la volonté du marquis de Valbois suffit
pour faire disparaître les obstacles... D'a-
bord, je vais en dire un mot à la marquise...

M. de Valbois en était là de ses réflexions ; il venait d'endosser sa robe de
chambre, et il ouvrait la bouche pour donner des ordres en conséquence de ses rai-

sonnements, lorsqu'on lui remit une lettre.

— Ah! ah! c'est de ma très chère épou-sé... Quelque nouvelle idée biscornue qui lui sera passée par le cerveau... Oh! oh! Madame, il y assez longtemps que cela dure... Voyons un peu...

« Monsieur,

« Je quitte Paris pour n'y jamais reve-
« nir ; ce Paris de fange, peuplé de fange,
« vivant de fange...

« Les circonstances sont graves, mon-
« sieur le marquis : Maria a bientôt dix-
« huit ans...

« Hâtez-vous de la marier... Mes con-
« seils, vous le savez, vous ont été sou-
« vent utiles ; et celui-ci est le méilleur
« que je puisse vous donner dans les cir-
« constances présentes...

« Les sentiments et les désirs de M. de
« San-Attavila me sont connus, et je pense
« qu'il vous en a fait part ; mais je suis
« persuadée que vous avez, ainsi que moi,

reconnu tout d'abord qu'une semblable alliance est impossible...

« Il y a, sous le rapport de l'âge, une disproportion monstrueuse ; ce serait « unir le siècle passé et le siècle présent...

« J'espère que vous respecterez ma dé- « termination , et me laisserez passer le reste de ma vie dans la retraite que j'ai (choisie, et dont la violence seule pourrait (m'arracher. »

— Ma foi ! madame la marquise, tout ien considéré, vous ne pouviez rien faire ui me fût plus agréable. Quant à la grande ffaire, au mariage de notre fille, cela est op avancé pour qu'il soit possible de ré- ograder : j'ai donné ma parole au duc ; t si Maria ne s'était pas retirée sitôt, elle urait maintenant à quoi s'en tenir, et le serait bien contente, la chère enfant... uchesse !... C'est partie remise. Le duc manquera pas de venir ce soir ; ils cau- ront... Le duc n'est pas sot... Me ren-

dre la dame, à moi!... Et puis avec un
titre comme celui-là, duc et grand d'Es-
pagne !..... La pauvre petite en perdra la
tête.

M. de Valbois était, comme on le voit,
dans l'enchantement ; il voyait tout en rose,
et ne pensait pas qu'il fût possible de voir
autrement que lui. Au dîner, il était
rayonnant ; il parla beaucoup, dit quelque
sottises de plus que de coutume, et repro-
cha plusieurs fois, en riant, à Maria, la
tristesse qui semblait l'accabler.

— Oh ! oh ! disait-il, je sais un bon
moyen pour t'égayer : je n'aurais qu'un
mot à dire pour cela... mais je ne veux pas
le dire.

— Pourquoi, si c'est une bonne nouvelle ?...

— Une nouvelle délicieuse, mon enfant... une nouvelle qui te rendra heureuse
comme une duchesse... Ah ! ah ! ah !....

j'en ai trop dit... Je parie que tu comprends l'allusion ?

— En vérité, mon papa, je ne devine pas.

— Tant mieux ! la surprise sera plus agréable ce soir.

— Une surprise ?

— Oui, Maria, une surprise, on te prépare une surprise, et c'est pour cela que je ne veux pas dire le mot en question.

Et, dans son ravissement, M. le marquis mangea comme un ogre, persuadé que le contentement aiderait à la digestion. Maria pensa qu'il s'agissait d'une plaisanterie, et ne fit pas grande attention à la joie de son père. Cependant elle ne laissa pas, après le dîner, de s'occuper avec beaucoup de soin de sa toilette, car elle aussi avait ses projets.

— Mon Dieu ! Mademoiselle, disait la femme de chambre, comme vous êtes pâle !...

— Tu trouves, Augustine?... Et comment me va cette pâleur?

— Ah! dam! Mademoiselle, un peu de couleurs ne fait jamais de mal sur une belle peau; tout le monde sait cela.

— Eh bien! ma chère Augustine, je veux avoir des couleurs ce soir. Je veux être jolie... Arrange-toi pour cela... Je veux que l'on me regarde, que l'on m'admire, que l'on s'occupe de moi... Tu comprends, n'est-ce pas?

— C'est si naturel! Je vais à la toilette de madame la marquise; laissez-moi faire, je me charge de les rendre fous... Mon Dieu! il n'en faut pas tant pour leur faire perdre la tête...

Et grâce aux puissants auxiliaires que se procura Augustine, il n'y eut qu'un cri d'admiration lorsque Maria entra dans le salon.

UN PROTECTEUR.

— Eh bien! mon garçon, s'écria Dominique en entrant chez son neveu, comment s'est passée la nuit?... Admirablement, j'en suis sûr; je vois cela à tes yeux battus... Et puis, ça n'était pas la mer à boire que cette conquête...

— Mon cher oncle!... Pas un mot de plus, je vous en conjure!... il y a un mystère que ni vous ni moi ne saurions expliquer maintenant; mais tout cela s'éclaircirait bien vite, si j'étais riche, si j'avais une position dans le monde... si je pouvais être présenté et reçu chez le marquis de Valbois... Et il faut pourtant que je trouve le moyen d'être reçu dans cette maison ; il le faut, Maria le veut !..

— Et c'est là ce qui te désespère ?

— N'est-ce rien ?

— Que ne disais-tu donc cela tout de suite... que diable ! ne suis-je plus ton ami, ton meilleur ami ?... Tu veux être admis chez M. de Valbois, n'est-ce pas ? Eh bien, on t'y présentera ce soir, et il te recevra à bras ouverts, ce brave marquis...

— Quoi ! mon oncle, vous pourriez...

— Est-ce que je ne peux pas ce que je veux, moi !... D'abord, je t'emmène chez Véfour, attendu que je suis furieux du dîner de l'autre jour, pour lequel tu me dois une réparation ; de là, si tu te comportes en homme, je te présente à un personnage qui n'a rien à me refuser, et qui a ses coudées franches... mais excessivement franches, chez M. de Valbois.

— Oh! mon bon oncle!... Mais l'é-
tude?...

— J'en fais mon affaire : d'abord, tu es
malade ; tu as la fièvre, et je m'arrangerai
pour que tu l'aies désormais autant que cela
te conviendra. Après tout, un notaire
n'est pas un Turc ; et celui-ci entendra
raison. Dans tous les cas, il faudra bien
qu'il en prenne son parti, car je ne veux
pas que tu deviennes fou.

Dominique commença sur-le-champ
l'exécution du programme ; c'est-à-dire
qu'après avoir obtenu un congé de huit
jours pour son neveu, et payé la carte du
restaurateur, il conduisit notre amoureux
chez son ami l'abbé Dumilard, brave et
digne chanoine qu'ils trouvèrent à table
jusqu'au menton.

— Mon cher ami, lui dit Dominique,
je te présente mon neveu, charmant garçon, comme tu vois, et qui a l'avantage
d'être fou à lier depuis deux jours... Voici

le fait en deux mots : mon neveu est amoureux de la fille d'un marquis...

L'abbé fronça le sourcil ; mais Dominique n'y fit pas attention, et continua :

— Dumilard, tu es le confesseur d'une marquise et l'ami d'un marquis... J'espère que je m'explique clairement ?...

— Et pourtant j'avoue que je ne vois pas encore...

— Comment ! tu ne vois pas que la jolie personne qui tourne si bien la tête à ce pauvre Ernest est précisément la fille de ta pénitente, et que je veux que tu me fasses l'amitié de présenter mon neveu chez le marquis de Valbois ; le reste regarde notre fou, et, malgré sa folie, je suis sûr qu'il s'en tirera bien.

— Tu n'y penses pas, Dominique !... Quoi ! c'est à moi, à un ministre du Seigneur que tu proposes d'introduire le loup dans la bergerie ?...

— Oh ! il est clair que si tu prends la

chose du mauvais côté, tu la feras aller à rebours. Il n'y a en tout cela ni loup ni agneau ; mais seulement d'une part un joli garçon qui aura quelque jour dix-huit ou vingt mille francs de rente, et d'autre part une jolie fille qui a besoin d'un mari. Il ne s'agit que de savoir si le joli garçon convient à la jolie fille ; et comment saura-t-on cela s'ils ne peuvent se parler ?

— Il fallait donc me dire tout de suite que c'était un projet de mariage... Cela simplifie singulièrement la question, et je puis t'assurer que rien ne me serait plus agréable que de voir cette alliance se conclure.

Le bon chanoine savait où en étaient les choses, et un mari lui paraissait la seule digue capable d'arrêter le flot qui menaçait d'entraîner Maria. Il n'hésita donc pas, s'habilla à la hâte, et partit avec Ernest, à la grande satisfaction de l'oncle Dominique.

UNE VISITE.

Le duc et l'officier d'artillerie étaient déjà depuis quelques instants dans le salon, lorsque l'on annonça le chanoine et son jeune protégé, que le digne abbé présenta comme le neveu de son meilleur ami, titre qui suffit pour qu'Ernest fût bien accueilli; car M. Dumilard était fort estimé au faubourg Saint-Germain, et tout le monde, dans la maison du marquis, avait pour lui la plns grande vénération.

A peine Ernest avait-il paru dans le salon, que Maria, qui semblait causer de choses fort intéressantes avec l'officier, avait brusquement interrompu la conversation ; un éclair de joie avait brillé sur son visage, et il était aisé de voir que l'arrivée du jeune homme lui causait un plaisir bien vif.

Malgré le trouble qu'il éprouvait, il s'approcha avec assez de résolution de Maria, qui faisait semblant de broder, et n'était pas sans inquiétude sur le résultat de cette soirée.

— Je suis bien heureux d'avoir pu vous obéir, Mademoiselle. Ce jour est bien certainement le plus beau de ma vie.

— C'est à moi de me féliciter de l'intérêt que vous voulez bien me témoigner.

— De l'intérêt !..... Ah ! Maria, c'est de l'amour que vous m'avez inspiré, l'amour le plus pur et le plus vif... Je n'ai qu'un désir, je ne forme qu'un vœu, et je donnerais ma vie sans hésiter pour en voir l'accomplissement... être aimé de vous...

Mademoiselle de Valbois n'osait lever les

yeux, de peur que la vive émotion qu'elle éprouvait ne fût remarquée. Ernest parlait avec tant d'entraînement, ses grands yeux étaient si éloquents, et Maria était si sensible !

— Maria, reprit-il, un mot, je vous en conjure ! un seul mot !

— Mais si ce mot devait nous préparer de grands chagrins...

Avez-vous vu M. de Blinval depuis ce matin ? Ce malheureux événement aura-t-il des suites aussi funestes qu'on le redoutait ?

— Le blessé est jeune, et il faut espérer qu'il s'en tirera... Mais, de grâce...

— Il est mort cet après-midi, dit tout haut, avec un sang-froid diabolique, l'officier qui n'avait pas perdu un geste, un regard, un mot de ce qui s'était passé autour de lui.

Maria ne put retenir un cri et laissa tomber sa broderie, puis ses lèvres blanchirent, et elle perdit connaissance. Aussitôt chacun s'empresse autour d'elle ; les secours lui sont prodigués, et après quelques instants, le marquis effrayé s'empresse de la faire porter dans sa chambre. Ernest était hors de lui ; il eût donné bien des choses pour pouvoir, à l'instant même, punir monsieur Roch de sa brutalité, et déjà, depuis quelques secondes, il le regardait de manière à lui faire comprendre sa pensée, lorsque le duc s'écria :

— Mais c'est en vérité fort mal, monsieur le capitaine ; ces paroles de mort sont inconcevables ; personne ne vous interroge, et vous jetez comme une bombe cette horrible nouvelle...

— Monsieur, dit Ernest, a eu en outre le tort bien grave de répondre à une question qui ne s'adressait pas à lui ; mais il paraît que le titre de spadassin ne suffisait pas à monsieur : il voulait pouvoir y ajouter celui d'écouteur aux portes.

Le capitaine se leva, sourit amèrement, et s'approchant du jeune Darbilli, il lui dit :

— Vous aurez beau faire, jeune homme, vous ne me forcerez pas à renouveler la scène dont vous avez été le témoin hier.

En ce moment, le marquis rentra et annonça que sa fille était beaucoup mieux, et que l'évanouissement n'avait été causé que par la brusque et inconcevable exclamation de monsieur Roch ; puis il ajouta :

— Ah çà ! mon cher ami, êtes-vous bien dans votre bon sens ?

— Je conçois que vous en puissiez douter, monsieur le marquis ; mais de grâce, n'insistez pas... Veut-on interdire au malheureux le droit de se plaindre ?

Le chanoine ne comprenait rien à cette scène ; mais ce qu'il devinait très bien, c'était l'intention bien arrêtée qu'avait son protégé d'obtenir du redoutable capitaine

une explication plus satisfaisante; auss
s'empressa-t-il de prendre congé, et, bo
gré, mal gré, il fallut bien qu'Ernest l'ac
compagnât.

— Monsieur, disait-il chemin faisan
au chanoine, je suis bien reconnaissant d
vos bontés; mais il me semble que vou.
vous êtes bien hâté de vous retirer...

— C'est que je vous ai deviné, jeun
homme : vous avez sur le cœur les parole
du capitaine... Il paraît que c'est une hor
rible histoire à laquelle vous n'êtes pa
étranger. Mademoiselle de Valbois a ét
bien coupable!

— Elle n'a été que légère, monsieur.

— Je le crois; mais cette légèreté a tu
un homme; elle a jeté le désespoir dans le
cœur d'une femme; elle en a mis une autre
à la merci de cet inexorable capitaine...,
et c'est à cause d'elle que vous brûlez en ce
moment du désir d'ajouter quelque chose
à cette série de calamités...

4 *

Ces paroles surprirent singulièrement Ernest, qui ne concevait pas comment monsieur Dumilard pouvait être si bien instruit des détails de cette affaire. Après avoir réfléchi pendant quelques instants, il se persuada que le capitaine seul avait pu révéler tous ces faits au chanoine, et, en dépit des sermons de ce dernier, il se promit bien d'éclaircir cela le plus tôt possible, et d'obtenir, à quelque prix que ce fût, la satisfaction que monsieur Roch lui avait refusée.

— Eh bien! s'écria Dominique en revoyant Ernest et l'abbé, comment cela a-t-il été?

— Mal, mon ami; car voici ton neveu qui meurt d'envie d'aller chercher querelle à un homme qui fait profession de tuer les gens.

— Qu'est-ce que cela signifie?... Monsieur mon neveu, il paraît que vous avez une tendance à marcher dans le mauvais

chemin ; mais je vous préviens que j'y mettrai bon ordre. Pour commencer, je ne
vous quitte pas.

Ernest soupira, se mordit les lèvres ;
mais il obéit, et se laissa conduire chez son
oncle sans proférer un mot.

AMOUR, MENACES, LARMES, BONHEUR.

Domininique dormait avec toute la sé-
curité d'un geôlier qui vient de pousser les
verroux et sonder les barreaux ; la porte de
son appartement était bien exactement fer-
mée, et il en avait placé la clé sous son
chevet. Quant à Ernest, une heure s'était
déjà écoulée depuis que, cédant à la volonté de son oncle, il s'était mis au lit, et
il n'avait encore pu prendre le moindre
repos. Il pensait sans cesse à ce brutal
capitaine qui avait interrompu son entretien avec Maria, alors qu'ils avaient encore

tant de choses à se dire, et cette pensée augmentait encore la violence de la fièvre qui le consumait. Il lui semblait être sur des charbons ardents. Il ne tarda pas à se lever, espérant que le froid de la nuit apporterait quelque adoucissement au mal qu'il endure; mais c'est en vain qu'il marche à grands pas et les pieds nus sur le parquet glacé. Tout à coup une idée lui traverse le cerveau : son oncle a bien fermé la porte, la fuite est impossible de ce côté; mais l'appartement est situé à l'entre-sol, les fenêtres donnent sur la rue!.. L'exécution est aussi rapide que la pensée; en un clin d'œil Ernest est habillé, la croisée est ouverte, et le voilà sur le pavé, courant vers l'hôtel de M. de Valbois sans savoir ce qu'il y va faire, et si on voudra le recevoir à pareille heure; mais très content néanmoins de se trouver libre, et se sentant capable de tout braver pour conserver cette liberté.

Il n'était pas minuit, et Ernest pénétra
d'autant plus facilement dans l'hôtel que le
duc ne s'était pas encore retiré, et que
déjà notre jeune fou était connu du suisse.
Il monte rapidement, et entre dans l'anti-
chambre où il ne trouve qu'un domestique
dormant les poings fermés sur un jeu de
cartes. Connaissant parfaitement les êtres,
il se dirige vers la porte du salon et se dis-
pose à s'annoncer lui-même, sans s'inquié-
ter de ce qu'il va dire ; mais, au moment
d'entrer, il change subitement d'avis, fait
demi-tour, pousse une autre porte, et marche
à tâtons dans un petit corridor. C'est par là
qu'il a vu porter Maria : s'il pouvait pénétrer jusqu'à elle, reprendre où il l'avait
laissée cette conversation qui l'a rendu si
heureux pendant une demi-heure ! Il sera
toujours facile de trouver le capitaine... Il
marche avec précaution, s'arrête souvent,
prête l'oreille... rien ! le plus profond silence règne autour de lui. Un petit esca-

lier se présente, il monte ; un léger mur-
mure se fait entendre, il s'arrête, appuie
son oreille sur la cloison, et ces paroles
arrivent jusqu'à lui :

— Mais cette lettre ne vous appartient
pas, Monsieur !...

— Pensez-vous, Mademoiselle, que je
ne l'aie pas payée assez cher ?.. Elle me
coûte la vie d'un homme, et la perte des
plus douces illusions.

— La probité vous fait un devoir de me
la rendre....

— Ce serait être trop généreux envers
vous qui n'avez point de pitié... Vous la
rendre !.. et que m'offrez-vous en échan-
ge ?..

— Ma reconnaissance, Monsieur, et le
plaisir que l'on éprouve toujours à faire une
action louable.

— De la reconnaissance !... trouvez
autre chose, Maria... N'y a-t-il plus de

place dans votre cœur pour un peu d'a-
mour ?..... Ah ! j'oubliais que vous avez
trouvé un digne successeur à l'homme qui
faisait un si noble usage de vos lettres ; il
ne s'agit plus que de métamorphoser le petit
clerc en auditeur au conseil d'État, et tout
sera pour le mieux.

— Insolent! s'écria Ernest auquel la colère fit oublier sa situation.

A cette exclamation, une porte s'ouvrit
brusquement, et le capitaine sortit, tenant
un flambeau d'une main et son épée de
l'autre.

— Ah ! c'est vous, Monsieur, dit-il
en regardant Ernest avec le plus grand
sang-froid; vous conviendrez, j'espère, que
le titre d'écouteur aux portes vous appartient plus qu'à moi, et je me hâte de vous
le restituer.

— Monsieur, votre conduite est infâme.

— A la rigueur, c'est possible.

— Je ne suis pas disposé à me payer de paroles, Monsieur.

— C'est pourtant tout ce que je puis vous offrir.

— Alors vous êtes un lâche !...

— Enfant! vous savez bien le contraire.....

—Un scélérat !...

—Silence !... Fou, ne sentez-vous pas que c'est votre maîtresse que vous allez perdre ?

Ernest était hors de lui ; sans tenir compte de l'observation , il se jeta comme un furieux sur l'officier, et s'efforça de le désarmer; mais celui-ci, sans paraître plus ému, remit son épée dans le fourreau, posa sur l'escalier le flambeau qu'il tenait , et , saisissant le jeune homme par le milieu du corps, il lui fit perdre terre , et l'emporta sans le moindre effort jusqu'au lit de mademoiselle de Valbois.

— Tenez, Maria, dit-il avec une ironie

diabolique; j'espère que vous ne m'accu-
serez plus de manquer de générosité : Monsieur vaut bien , j'imagine, une feuille de
papier tachée d'encre et de vin ; je vous
donne l'un, et vous invite à venir chercher
l'autre; cela ne vous coûtera pas cher :
seulement une très petite fraction de ce
que vous prodiguez si volontiers aux con-
seillers d'État, et aux clercs de notaire.

A ces mots, il tourna les talons, et il
était déjà hors de la maison, avant qu'Ernest fût revenu de l'espèce d'anéantissement où l'avait jeté la conduite inexplica-
ble de M. Roch.

— Mais c'est donc le diable en personne ! s'écria-t-il enfin... Cet homme a
un cœur de marbre et des mains de fer...

— C'est un monstre horrible !... Ernest, je vous l'ai dit, nous nous prépa-
rons de bien grands chagrins !...

— Rassurez-vous , tendre amie !...
Maria, ma bien-aimée, j'aurai raison du

monstre, je vous le jure sur l'honneur !...
j'aurai cette lettre, ou il prendra ma vie...
Oui, vous êtes restée pure, Maria, et vous
échapperez aux souillures de ce misérable.....

Ces paroles ne rassuraient que bien fai-
blement mademoiselle de Valbois, qui dit,
en levant vers Ernest ses beaux yeux mouil-
lés de larmes.

— Eh! mon ami, n'est-ce pas assez de
sang ?... Promettez-moi, Ernest, de ne pas
faire la moindre démarche à cet égard...

— Bon Dieu! vous oubliez que je suis
horriblement insulté !...

— Qu'importe? Peut-on toujours se ga-
rantir des atteintes d'une bête fauve ?...

— Mais je serais déshonoré, indigne de
vous, Maria...

— Ernest ! je vous en conjure !

Et, d'un air suppliant, elle tendait ses
beaux bras vers le jeune homme.

— Oh! oui, oui, Maria, votre volonté

sera la mienne... Mon Dieu! tant de bonheur peut-il se payer trop cher!...

Et s'élançant dans ces bras qui semblaient
l'appeler, il pressa convulsivement contre
son cœur la tendre et jolie suppliante, en
même temps qu'il séchait avec ses lèvres les
larmes qui roulaient comme des perles sur
ce visage angélique.

Cela durait depuis longtemps, et les
amants ne songeaient pas à se séparer; car,
pour eux, les heures avaient passé comme
des secondes : craintes, chagrins, regrets,
espoir, ils avaient tout oublié; tout, ex-
cepté leur amour qui semblait s'être accru
de l'absence de tout autre sentiment. Que
de baisers, de serments, de soupirs, de.....
l'énumération serait interminable.

— Grand Dieu! il fait jour! s'écria
Maria en écartant les rideaux de son lit.

— Le jour!... déjà!... mon Dieu!
Que le bonheur passe vite!...

— Partez, mon ami, je vous en conjure...

— Adieu, Maria!... ma bien aimée, adieu!... Oh! je suis fort et résolu maintenant, ma chère âme, ma vie, mon Dieu!... car tu es à moi, Maria, et je suis à toi... il n'y a pas de puissance humaine qui puisse empêcher cela...

La jeune fille baissa les yeux, rougit et pleura ; puis tout à coup, jetant ses deux bras sur les épaules d'Ernest, elle se cacha le visage dans son sein, et dit bien doucement :

— Oui, tu seras toujours mon bien-aimé!...

Ce n'était pas le moyen de terminer promptement la conversation ; elle se prolongea donc encore pendant quelques instants, puis enfin, obéissant à la nécessité et suivant l'itinéraire que lui avait tracé la tendre Maria, le jeune Darbilli arriva sans encombre dans la cour de l'hôtel, et franchit la porte avant que le suisse, à moitié endormi, eût pu le reconnaître.

Ce n'était plus ce jeune homme triste, timide et désolé : il marchait en conquérant, la tête haute et le visage rayonnant; on eût dit qu'il venait de soumettre le monde à ses lois, et son esprit était tellement préoccupé du bonheur qu'il avait goûté et de celui qu'il se promettait, qu'il ne songeait seulement pas à l'inquiétude que sa disparition devait causer à son oncle.

LE MARCHÉ.

Il était midi ; l'air était vif et froid ; mais le temps était beau. Maria, accompagnée de sa femme de chambre, monta en voiture sous le prétexte de faire une promenade qui achevât de dissiper le malaise qu'elle attribuait à la scène de la veille. La voiture s'arrêta à la grille du jardin des Tuileries, et Maria traversa rapidement ce jardin.

— Je croyais que Mademoiselle avait l'intention de se promener ici ? dit la femme de chambre.

— Non, ma bonne Augustine ; mais je
te demande le secret. Tu vas m'accompagner jusqu'à la porte de cet hôtel, rue de
Rivoli ; tu m'attendras chez le concierge ;
je ne serai qu'un instant.

— Mademoiselle sait bien que je n'ai
rien à lui refuser.

— Suis-je bien comme cela, Augustine ?

Et elle rajustait sous son chapeau les
boucles de ses cheveux noirs.

— Très bien, Mademoiselle.

— Un peu pâle, n'est-ce pas?

— C'est vrai; mais cela vous sied si
bien !

Elles marchèrent pendant quelques secondes ; Maria entra dans l'hôtel qu'elle
avait indiqué, dit quelques mots au concierge, et monta lestement l'escalier ; mais
le cœur faillit lui manquer au moment de
sonner à la porte d'un petit appartement
situé au deuxième étage ; elle s'arrêta

comme pour s'armer de résolution, jeta de nouveau un coup d'œil sur sa toilette, soupira à la fois de crainte et d'espérance; puis enfin elle saisit le cordon, et la porte s'ouvrit.

— C'est plus de résolution que je ne vous en croyais, Mademoiselle, s'écria M. Roch en lui présentant la main.

— Il faut bien obéir à vos ordres, Monsieur. J'aurais bien le droit de me plaindre de votre despotisme; j'aime mieux invoquer votre générosité.

— De la générosité! n'y comptez pas, Maria! non, je ne serai pas généreux..... je ne puis, ni ne veux l'être...

Tirant alors de son portefeuille un papier plié avec soin :

— Je vous ai dit à quel prix je renoncerais à la posession de cette pièce... j'ai maintenant le droit de penser que vous acceptez le marché.

5

— Le marché !... grand Dieu !... ayez pitié de moi !...

— Au point où nous en sommes, Mademoiselle, il n'y a point d'inconvénient à appeler les choses par leur nom.

La pauvre enfant se cacha le visage dans ses mains, et le capitaine entoura d'un bras de fer sa taille si fine ; il sentit sous sa main battre le cœur de la jeune fille, il posa son visage mâle et sévère sur ses cheveux parfumés ; puis tout à coup, un tremblement convulsif le saisit, ses yeux semblèrent prêts à sortir de leurs orbites ; il se leva, tenant toujours Maria dans ses bras ; et comme un tigre qui veut dérober sa proie à tous les regards, il l'emporta dans sa chambre à coucher.

— Grâce ! grâce ! criait Maria. Au nom de Dieu ! Monsieur, ne consommez pas un crime horrible !

— Qu'importe le crime, quant on ne craint pas le châtiment ?... Quand le ciel

et la terre devraient s'abîmer á l'instant
même, vous ne m'échapperiez pas !

Maria fit un violent effort pour se dégager, poussa un cri perçant, puis elle dit :

— Par pitié ! ne me laissez pas mourir !...

Elle sembla s'évanouir, et le capitaine
s'arrêta tout à coup devant l'énormité du
crime qu'un instant auparavant rien ne
semblait pouvoir l'empêcher de consom-
mer. Une étincelle de eet amour si vrai, si
pur, que Maria lui avait inspiré autrefois,
reparut dans son cœur... Elle était si belle
dans ce désordre !...

L'officier détacha ses bras de ce corps
si frêle, aux formes divines ; ses regards
s'arrêtèrent avec une inexprimable angoisse
sur ce visage de vierge que semblait cou-
vrir la pâleur de la mort ; puis, à son tour,
il trembla lui-même ; de grosses et brûlantes
larmes se firent jour sous ses paupières,
que d'épais sourcils ombrageaient ; et,

comme si une puissance irrésistible l'eût courbé vers la terre, il tomba à genoux :

— Maria! Maria ! s'écria-t-il, c'est moi maintenant qui implore votre pitié!... Vivez, je vous en conjure ; vivez, vivez ! Je le veux, dussiez-vous me maudire jusqu'à ma dernière heure !...

Mais elle paraissait plongée dans le plus complet anéantissement.

— Puissances infernales, soyez-moi donc en aide, si vous ne voulez m'exterminer ! reprit le capitaine.

Alors, comme s'il eût été subitement atteint d'une violente attaque d'épilepsie, ses muscles se contractèrent, sa bouche écuma, et il se roula avec fureur sur le parquet. Au plus fort de cette crise, Maria rouvrit les yeux, se leva, et s'élançant vers le meuble sur lequel le capitaine avait déposé cette lettre, objet de tout ses vœux, elle la saisit, la mit en pièces, et en jeta tous les fragments dans la cheminée, où ils furent en un clin d'œil dévorés par les flammes.

— Mon Dieu, je vous remercie! dit-elle avec onction.

Puis se jetant dans un fauteuil, elle attendit avec un calme inconcevable la fin de cette scène.

— Monsieur, dit-elle, lorsqu'elle s'aperçut que le capitaine commençait à recouvrer l'usage de ses sens, je vous pardonne le mal que vous m'avez fait; je suis venue, sur votre invitation, chercher cette lettre que la ruse avait fait tomber entre vos mains, et que la force n'eût pu vous arracher... Adieu, Monsieur, tâchez de vous réconcilier avec votre conscience, et n'oubliez pas que si vous parliez à l'avenir de cette pièce que je viens de livrer aux flammes, vous ne seriez aux yeux du monde qu'un vil calomniateur.

Et sans attendre que l'officier fût en état de répondre un mot, elle disparut

comme une ombre. Un quart d'heure après
elle était de retour à l'hôtel, où le marquis
son père l'attendait avec impatience,
le duc ayant résolu de terminer le plus
promptement possible la grande affaire de
leur mariage.

— Mon enfant, dit monsieur de Valbois,
j'ai à t'apprendre quelque chose de... quel-
chose que...

Et l'illustre marquis chercha pendant
cinq minutes la qualification de ce quelque
chose, car il avait négligé de préparer son
discours, et il n'avait pas une grande facilité d'élocution, attendu que c'est là une
qualité que ne donnent pas les quartiers de
noblesse; cependant il reprit avec beaucoup d'assurance :

— Parbleu ! je parie que tu l'as deviné
depuis longtemps.

— Quoi donc, mon cher papa?

— Tu vas être sur la voie tout de suite:
je voulais te parler relativement... relati-

vement... Eh bien! tu y és, n'est-ce pas!...

— Pas le moins du monde, mon cher papa.

— Ne fais donc pas l'enfant! voyons; ne serais-tu pas fort aise d'être duchesse?

— Mais je ne vois pas où tend cette question.

— Comment? tu ne vois pas!..... Duchesse! cent mille livres de rentes! présentée à la cour... Diable! cela mérite pourtant bien qu'on y fasse attention!... Et puis, un mari aimable, galant, spirituel.... qui me rend deux pièces aux échecs, et qui te rendra...

— Quoi! monsieur le duc penserait...

— S'il y pense! le pauvre gentilhomme en perd la tête; il n'en dort pas...

— Mon cher papa, ne parlons plus de cela, je vous en prie!...

— Qu'est-ce que cela, Mademoiselle? mon meilleur ami! un cavalier parfait...

— Parfait, comme on l'est à cinquante ans, mon papa.

— Oh! oh!... je vois ce que c'est, Mademoiselle... voilà ce que l'on gagne à ne pas se défier assez des mauvaises doctrines... J'ai eu le malheur d'ouvrir la porte à la roture, et l'esprit révolutionnaire a pénétré dans l'hôtel... Mais j'y mettrai bon ordre, corbleu!... Allons, mon enfant, ne pleure pas... je sais bien qu'à ton âge ces nouvelles-là font toujours un certain effet; mais quand tu y auras pensé seulement pendant un jour ou deux, ça te paraîtra tout naturel... Tiens, justement, le duc est dans mon cabinet; il brûle du désir de te faire agréer l'hommage de ses sentiments..... Il prétend qu'avant un mois, tu feras le désespoir des plus jolies femmes de la cour...Hein!... ça te déride, je crois... J'étais bien sûr que tu serais raisonnable...

En effet, Maria s'était promptement re-

mise de l'émotion que lui avait causée cette
nouvelle ; d'un coup d'œil , elle avait em-
brassé l'ensemble des avantages qui résul-
teraient pour elle de cette alliance ; et malgré la répugnance que lui inspirait le duc,
et le tendre retour dont elle payait Ernest,
elle comprit que tout cela n'était pas incon-
ciliable , de sorte qu'elle se trouvait dans
des dispositions très favorables lorsque
M. de San-Attavilla parut. Il s'avança avec
toute l'assurance d'un homme qui a de son
mérite la plus haute opinion.

— Qu'est ce donc, marquis ! dit-il en
riant tout haut... Ah ! ah ! ah ! je parie
que l'on conspire contre mon repos... Sur
mon honneur, voici deux beaux yeux qui
sont du complot depuis longtemps... Hi !
hi ! hi ! N'ayez pas peur, Mademoiselle, je
suis bon prince, et je leur pardonne pour
l'amour de vous..... Ah ! ah ! ah ! ah ! ce
cher marquis ne s'attendait pas à celui-là !...

— Mais c'est fort spirituel, cela , dit tout bas M. de Valbois à sa fille.

— Vous voyez, mon cher beau-père, reprit le duc en faisant une pirouette sur le talon, que c'était la chose du monde la plus simple... hi! hi! hi! hi! Il y a deux mois que nous nous adorons... ah! ah! ah!... et le cher père ne s'en doutait seulement pas... Charmant, charmant sur mon âme! ne trouvez-vous pas, belle Maria?...

Maria trouvait que tout cela était fort impertinent , et elle avait une vive déman-geaison de le dire ; mais c'eût été brouiller les cartes avant de savoir quel jeu on avait, et Maria était devenue excessivement pru-dente ; puis, en regardant de près, un mari ne lui semblait pas un animal aussi hideux qu'elle l'avait imaginé, alors même qu'il était sot et ridicule. Sans doute, ce cher Ernest souffrirait beaucoup, il serait au désespoir ; mais ne serait-il pas facile de le calmer ? En définitive, n'était-ce pas un

peu pour lui et à cause de lui qu'on se sa-
crifiait? et en donnant la main au mari, ne
pouvait-on conserver le cœur à l'amant?..

Maria fit toutes ces réflexions en quelques
secondes, grâce à ce merveilleux esprit du
moment que les femmes en général possè-
dent à un degré si élevé. En conséquence,
mademoiselle de Valbois ne répondit pas
un mot, et baissa les yeux, ce dont le duc
fut enchanté, quoique, en vérité, il n'y eût
pas de quoi.

— Eh bien! marquis, dit-il, j'espère
maintenant que vous me seconderez pour
hâter la conclusion... Ah! ah! ah!... ce
cher beau-père n'en revient pas... C'est
que je m'y connais, marquis, et mène les
choses rondement quand je m'en mêle...
Et cet excellent chanoine qui ne comprenait
pas hier soir!... Je voudrais bien savoir
comment il prendra cela... Je lui ferai ma
confession générale; ce sera à mourir de
rire... hi! hi! hi!

Il s'approcha de Maria, qui, malgré ses bonnes dispositions, ne pouvait se résoudre à regarder en face son futur mari.

— J'espère que vous permettez, mon cher beau-père?

Sans attendre de réponse, il posa ses lèvres flétries sur le front de la jeune fille, et il se retira.

Quinze jours après, Maria était duchesse de San-Attavila.

UNE PRÉSENTATION.

Ce n'était pas chose peu importante alors que d'être présenté à la cour, la jeune duchesse appelait de tous ses vœux cet heureux jour : c'est qu'il y avait là de l'encens à respirer et du pouvoir à acquérir. Il vint enfin, ce grand jour; Maria était divine; aussi fit-elle une impression remarquable. Le vieux roi lui adressa la parole à plusieurs reprises; tous les courtisans eurent pendant une heure les yeux fixés sur elle, et le duc de B...... qui se trouvait là, lui dit deux fois. — Sur mon honneur, vous êtes une

adorable personne!... — Or, ce duc de
B... était un sot ; mais ce sot était prince
du sang : la jolie duchesse retint le mot.

Quant à M. de San-Attavila, il était
dans l'admiration ; il n'avait de facultés que
pour admirer, l'excellent homme de mari.

— Madame, disait-il dans l'excès de sa
joie ; Madame, je crois que vous avez eu
l'honneur de plaire au Roi !...

— Et sans doute vous trouvez cela fort
extraordinaire, Monsieur ?...

— Je trouve cela heureux, Madame,
excessivement heureux !... Mais c'est que
vous avez produit un effet !... Je me suis
aperçu que la comtesse de C... était fu-
rieuse... Quant au duc de B..., il était
véritablement ébloui... il était bien aisé de
voir ce qu'il pensait, ce pauvre duc de B...

— Et que pensait-il donc, Monsieur?

— Bon Dieu! cela est clair comme le
jour : il se disait : Ce diable de San-Attavila
est bien heureux d'être le mari d'une aussi

jolie femme!... il est vrai que c'est un gaillard d'un mérite peu commun ; mais sa femme est bien certainement une adorable personne...

— Vous croyez que le prince a dit cela ?

— Je le présume, Madame.

— Et moi, Monsieur, j'en suis sûre, et vous le dis bien volontiers, puisque cela vous fait tant de plaisir.

C'est-à-dire, madame la duchesse... Diable ! il s'agit de s'entendre.

— Eh ! mon Dieu, monsieur le duc, cela est parfaitement clair : le prince me trouve charmante ; il pense que je suis adorable... libre à vous de le trouver mauvais, de proclamer que je suis détestable, et de risquer votre crédit en faisant de l'opposition ; quant à moi, vous me permettrez d'en agir autrement : je respecte la volonté du prince ; il veut que je sois charmante, et je m'efforcerai de lui obéir...

— Madame, il faudrait au moins savoir... Il est vrai qu'un prince du sang...

— Vous me fatiguez, Monsieur; gardez, je vous prie, vos remarques impertinentes.

L'honnête mari se le tint pour dit, non que les dispositions de la duchesse fussent de nature à le rassurer, mais parce qu'il tenait par-dessus tout à conserver son crédit, à l'accroître même, et qu'il sentait parfaitement que tout cela maintenant dépendait de sa femme. Et puis il se consolait un peu de tout ce qui pourrait arriver en songeant que le mariage n'avait pas été consommé, et que par conséquent il ne pouvait perdre ce qu'il ne possédait point. On trouvera le raisonnement singulier; je n'y puis rien : ce n'est pas ma faute si les ducs de cette époque n'avaient pas le sens commun. Aujourd'hui, c'est bien différent, je l'affirme, et je vous prie de m'en croire sur parole.

Quoi qu'il en soit, M. de San-Attavila finit par se persuader qu'il devait être enchanté, et il le fut. La belle Maria commençait à l'être aussi; et, grâce à ses heureuses dispositions, le prince du sang ne tarda pas à comprendre qu'il le serait bientôt lui-même, et qu'il n'avait qu'à vouloir pour que cela fût.

— Mon cher duc, dit-il un jour à l'estimable mari, vous êtes jeune encore, frais, dispos...

— Monseigneur, votre altesse royale me fait beaucoup d'honneur.

— C'est qu'il me semble qu'une embassade vous conviendrait parfaitement...

— Ah! Monseigneur !...

— Quant à la charmante duchesse, *Madame* l'aime déjà étonnamment... je suis sûr qu'elle serait enchantée de pouvoir l'attacher à sa personne...

— Oh! Monseigneur...

— Qu'en dites-vous, ma belle dame?

— Que je serai heureuse de vous être agréable, Monseigneur.

Le prince lui baisa la main et soupira; le duc fit la grimace, et se retourna pour qu'on n'en vît rien.

— Après tout, se dit-il, on n'emporte pas une ambassade sans qu'il en coûte quelque chose... D'ailleurs un gentilhomme se doit à ses princes; c'est une vérité morale, incontestable, et de plus éminemment monarchique et religieuse.

Et tandis que le duc, à force de raisonnements admirables, se consolait à l'avance des accidents qui menaçaient sa tête, le prince qui ne raisonnait guère, mais qui parlait beaucoup, avançait singulièrement ses affaires. Après un quart d'heure d'entretien, un *je vous aime* bien conditionné avait fait baisser les yeux à la tendre Maria; un baiser l'avait fait rougir, et la demande d'un rendez-vous l'avait fait soupirer : les princes vont vite en amour.

— De grâce, belle Maria, ne rejetez pas ma prière !

— Monseigneur...

— J'achèterais cette faveur au prix de tout mon sang !... Ordonnez... je me fais votre esclave... je veux que vos moindres désirs, vos plus petites volontés soient des lois pour tout le monde, comme ils en seront désormais pour moi-même... Dites un mot, Maria... consentez à me donner à dîner ce soir... et que nous soyons seuls... Charmante Maria, il me reste encore tant de choses à vous dire !...

Il mentait, le prince, car, en ce moment même, il se trouvait au bout de son répertoire ; mais qu'un prince du sang, une altesse royale, voire même une majesté, mentent, cela ne tire pas plus à conséquence en amour qu'en politique.

— Mais, monseigneur... monsieur le duc...

— Je me charge de lui, de son avenir...

— Est-ce que l'on a de l'avenir à cinquante ans?

— Charmante ! délicieuse ! L'épigramme
est divine !... N'est-il pas convenu que nous
en faisons un ambassadeur? Dans deux
heures, il sera mandé chez le ministre des
affaires étrangères ; dans trois, je serai près
de vous.

La duchesse ne répondit point : les femmes ne disent jamais oui en pareil cas;
mais il est convenu que ne pas dire non
c'est consentir.

M. de San-Attavila, qui, en mari bien
appris, s'était promené pendant quelques
instants, de long en large, dans un coin du
salon, revint en ce moment près de l'au-
guste visiteur, qui s'écria, dans l'excès de
joie que lui causait la certitude d'un triomphe prochain :

— Ainsi, monsieur le duc, c'est une

chose convenue : vous acceptez une ambassade ?

— Ah ! monseigneur...

— Vous ne pouvez hésiter, Monsieur...
Le roi a besoin du concours de tous les hommes éclairés... Au revoir, monsieur le duc...

Puis se penchant vers Maria :

— Belle dame, j'espère être assez heureux pour que vous me demandiez quelque chose.

La recommandation était inutile ; les idées de la jolie duchesse étaient arrêtées sur ce point.

Deux heures après, sur une invitation pressante, monsieur de San-Attavila se rendait chez le ministre.

Trois heures après, la belle duchesse dînait tête à tête avec l'altesse royale.

Six heures après, la tendre Maria, en costume de grisette, courait en fiacre vers le domicile de **M. Dominique Darbilli;**

6*

et chemin faisant, elle pressait contre son cœur une lettre du prince, qui faisait d'Ernest un secrétaire des commandements.

Chez le ministre, M. de San-Attavila mangeait comme un ogre, et faisait de la diplomatie comme une huître : il était presque à la hauteur de l'époque.

Chez Ernest, on ne parlait point, mais on échangeait force soupirs, tendres baisers, délicieuses caresses. Ce ne fut qu'au moment de se quitter que l'on recouvra l'usage de la parole.

— Déjà !

— Il le faut, bon ami.

— Ainsi toujours de la contrainte !... un moment de bonheur et des siècles de chagrin ou d'ennui...

— Mon Ernest, sois raisonnable ; ne vois-tu pas que je travaille à faire changer tout cela ?... Je veux que tu aies une position dans le monde, et je le veux, non que la fortune et le rang puissent faire que je t'aime davantage, ma chère âme ; mais parce que cela seul peut faire disparaître les difficultés qu'il faut vaincre pour que notre bonheur soit complet.... Adieu, ami ; laisse-toi conduire à la fortune, je le veux... Entends-tu, Ernest ? je veux que tu sois riche et puissant ; je veux qne ton bonheur soit complet, et puisse être envié même par les hommes les plus heureux du siècle.

Elle partit et ne voulut pas permettre que le jeune homme l'accompagnât au-delà de l'escalier, car elle sentait combien l'incognito, dans cette circonstance, était indispensable au succès de ses projets. Déjà elle avait franchi la porte cochère ; elle s'avançait lestement vers la voiture de place qu'elle avait laissée à quelque distance, et elle était sur le point de l'atteindre, lorsqu'un homme à l'air grave, dont les sourcils noirs et épais couvraient des yeux petits qui scintillaient dans l'ombre comme des

charbons ardents exposés au vent du nord,
l'aborda tout à coup.

— Il paraît, Madame, lui dit-il, que la
lettre que j'ai possédée n'était pas la seule
de cette nature que vous eussiez à rache-
ter...

— Monsieur Roch! s'écria-t-elle.

— Le hasard est toujours aveugle,
madame la duchesse, ce qui ne l'empêche
pas d'être juste quelquefois : il me rend
aujourd'hui ce que ma faiblesse et votre
ruse m'avaient fait perdre.

— Que voulez-vous dire, Monsieur?

— Que je recouvre aujourd'hui tous mes
droits, Madame, et que je ne les céderai
plus à aussi bon marché... Maria, comprenez-vous tout ce que peut contenir de
haine ce cœur où vous aviez jeté tant d'a-
mour ?...

— Grâce, grâce ! Monsieur... au nom
de Dieu ! ne me faites pas repentir d'avoir

un instant pris ce costume pour faire une bonne action...

— Oh! interrompit-il avec un sourire infernal, les bonnes actions de ce genre ne vous coûtent guère. Point d'équivoque, Madame; je sais d'où vous venez et le motif qui vous y a conduit; je sais que la duchesse de San-Attavila a conservé les sentiments et les goûts de mademoiselle de Valbois.

— Mais, Monsieur, le rôle que vous jouez dans tout cela...

— Est infâme, je le sais; mais vous ne m'avez pas laissez le choix, Madame!

— Enfin, que voulez-vous de moi?... Vous me forcez à crier *merci*; c'est une grande victoire et un beau fait d'armes, monsieur le capitaine!

Un sourd et long gémissement s'exhala de la poitrine de l'officier; puis un mouvement convulsif l'agita violemment, et il dit en grinçant des dents :

— Au moins, si je pouvais espérer !...
Mais non, vous ne m'avez rien laissé ;
rien, pas même l'espérance !... Comment
voudriez-vous qu'il y eût de la pitié dans
un cœur que vous avez desséché?

— Mais, au nom de Dieu ! que voulez-
vous de moi ?

— Ce que je veux ! Écoutez : je veux
que vous soyez à moi ; je veux qu'une fois,
une seule fois, vous vous donniez à moi sans
réserve, sans restriction : je veux, dans
vos bras, goûter toutes les délices de la vie,
dussé-je, après cela, être voué pour l'é-
ternité aux tortures de l'enfer... Et ce que
je veux, Maria, je l'accomplirai : la victoire peut être éloignée, mais elle est
certaine... Et ne croyez pas que je veuille
en appeler à la force ; c'est assez, c'est trop
de vous avoir sacrifié une victime humaine...
Je sais d'où vous sortez, encore une fois ;
faut-il que je vous nomme l'homme dans
les bras duquel vous êtes venue vous jeter,

il y a quelques heures, encore toute palpi-
tante des baisers d'un prince?

— Monsieur, je vous croyais un cœur
d'homme, et c'est un cœur de tigre qui bat
dans votre poitrine; eh bien! obéissez à
votre instinct de férocité; calomniez-moi,
puisque vous voulez absolument savoir ce
que c'est que la vengeance d'une femme.

Et comme, en prononçant ces dernières
paroles, elle venait d'atteindre la voiture
de place qui l'attendait, elle s'élança de-
dans, et le cocher, obéissant à ses ordres,
partit au grand trot de ses misérables chevaux.

FIN DE LA PREMIÈRE PARTIE.

LE CHEMIN DES HONNEURS.

On n'arrive pas à la couche d'un prince
sans écraser bien des rivales et sans soule-
ver bien des haines ; quand on est là, on
peut faire des ambassadeurs et des ministres, mais on ne saurait imposer silence à
l'envie : médisance et calomnie, tout marche du même pas contre le crédit de la
favorite, et il faut qu'elle soit à la fois bien
jolie et bien adroite pour ne pas succom-
ber. La belle duchesse en était là ; elle
avait, de plus, à se tenir en garde contre
les coups dont M. Roch l'avait menacée et

à s'occuper de l'avancement de son bien-aimé ; c'est une besogne bien difficile pour une jolie femme, ce serait l'impossible pour une laide.

Maria se raidissait contre les difficultés, se cramponnait aux obstacles, et finissait toujours par les surmonter. Le duc, il est vrai, n'était pas encore ambassadeur ; il paraissait même probable qu'il ne le deviendrait jamais, tant étaient grandes son incapacité, sa nullité, et il fallait qu'elles le fussent étrangement pour être remarquées au milieu de cette cour, réunion stupide de stupides personnages. Mais le noble duc n'était pas homme à se tenir dans l'ornière ; il n'était point d'une pâte à faire du juste-milieu ; or, le juste-milieu était déjà de mise en ce temps-là, et, pour le dire en passant, ce n'était pas la seule chose que les Bourbons aînés eussent léguée à leurs cadets.

Quoi qu'il en soit, le duc de San-Attavila, après un mûr examen, n'avait été trouvé capable que d'être et de rester le mari de la favorite d'un prince, et l'on peut dire qu'il s'acquittait merveilleusement bien de ces nobles fonctions.

Quant à Ernest, il était devenu, en peu de temps, méconnaissable : il avait maintenant cet aplomb qui ne s'acquiert que dans le monde; il était humble avec les grands, insolent avec les petits; il flattait le pouvoir, écrasait la faiblesse..... C'était déjà un homme de cour; il ne dérogeait que d'un côté, c'est qu'il restait fidèle à ses premières amours, mais aussi on ne trouve pas tous les jours une femme capable de faire d'un clerc de notaire le favori d'un prince du sang.

— Sacredieu! mon garçon, lui disait Dominique, sais-tu bien que tu es taillé pour devenir pair de France?

— Eh! pourquoi ne le deviendrais-je pas, mon cher oncle?

— C'est juste, mon ami, c'est parfaitement juste ; et voilà précisément ce que je me dis quelquefois : pourquoi ne le deviendrait-il pas ?... A présent, je vois bien que j'ai eu tort, dans le temps, de ne pas devenir amoureux de la fille d'un marquis ou de quelque chose de semblable ; avec les excellentes dispositions que j'ai toujours eues, qui sait où j'en serais maintenant?... Quant à toi, il est clair que tu n'en resteras par là, et c'est, ma foi, bien juste ; car, entre nous, tu as terriblement d'esprit..... sans compter celui de la belle duchesse, qui ne te fait pas faute, j'imagine... Diable ! Ernest, à présent que tu es un grand personnage, je suis bien fâché de ne pas m'être fait faire baron du temps que c'était si facile...

— Et croyez-vous donc que cela soit bien difficile maintenant ?

— Hum ! hum !... Pour toi, je ne dis pas... mais il faut bien que j'en convienne, mon pauvre ami, je commence à me faire vieux; je sens que le pli est pris, et que rien ne saurait me le faire perdre... et puis on ne trouve pas tous les jours à compléter l'éducation d'une princesse de la main gauche.

— Assez, mon oncle, assez... vous vous exprimez avec un cynisme...

— Dame! que veux-tu, mon garçon... je sens que je serai toujours de la roture, et toi tu seras bientôt de la noblesse; il est tout naturel que nous ne parlions plus la même langue... J'ai même grand' peur que nous finissions par ne plus nous entendre du tout.

Les moments étaient précieux pour Ernest : il fallait qu'il s'étudiât, qu'il préparât quelque adroite flatterie, et une certaine quantité de bons mots; car il y avait soirée chez le prince, et la duchesse devait ce soir-là demander pour lui la croix d'honneur et le titre de baron.

Cette soirée fut brillante; un long mur-

mure d'admiration se fit entendre lorsque parut madame de San-Attavila; puis les hommes l'environnèrent, et l'accablèrent d'éloges, tandis que les femmes la déchiraient à belles dents. Le prince vint au-devant d'elle, lui offrit la main, et la fit asseoir près de lui. Ernest jouissait délicieusement du triomphe de sa belle maîtresse. La satisfaction qu'éprouvait le duc, le rendait plus stupide encore que de coutume: il écoutait et n'entendait point; il regardait autour de lui et ne voyait rien, rien que le prince et sa femme, sa femme et le prince; et lorsque, sortant enfin de cette extase, il fut capable de réunir deux idées, il se dit qu'il était inconcevable que l'ambassade se fît attendre aussi longtemps, et, ma foi, il faut bien en convenir, l'observation était judicieuse.

Ernest aussi admirait sa belle amie, et son cœur battait bien fort; mais c'était maintenant autant l'ambition que l'amour

qui le faisait battre. Tout à coup, au milieu de la foule qui se pressait, le jeune secrétaire aperçut un visage qui le fit tres-
saillir : c'était celui du capitaine Roch. Il
rougit et pâlit successivement ; le désir de
la vengeance était violemment combattu
par la crainte de faire un éclat, qui pouvait le perdre et lui ravir en un instant les
titres, les honneurs, la fortune auxquels il
était si près d'arriver. Mais son agitation
fut bien autre, lorsque le capitaine, qui
avait remarqué son trouble et qui ne s'était
pas mépris sur la cause qui l'avait produit,
s'approcha de lui et lui dit bas :

— Je ne suis point venu avec l'intention de vous nuire, Monsieur ; j'ai seulement voulu voir si cette femme sait rougir.

Et il montrait du doigt la jolie duchesse.

— Vous me croyez donc assez lâche pour
entendre de sang-froid cet infâme propos ?

répondit le jeûne Darbilli dans l'âme duquel la colère venait de l'emporter sur tous les autres sentiments.

— Calmez-vous, je vous prie, Monsieur; car j'ai promis de ne plus offrir de victime à cette prostituée.

Ernest hors de lui leva la main ; mais avant qu'il eût pu faire le simulacre d'une insulte, le capitaine saisit cette main et, la serrant de manière à la briser, il la ramena sur la poitrine du jeune homme, et dit en souriant amèrement :

— Je vous dis que je ne veux pas vous tuer pour si peu, Monsieur.

— Mais, misérable, dit Ernest d'une voix étouffée par la fureur, tu veux donc me contraindre à te poignarder ?

Ces dernières paroles, furent entendues par M. de San-Attavila, qui se trouvait en ce moment près du secrétaire; il se retourna, et de l'air d'un homme charmé de trouver à qui parler, il dit à Ernest :

— Eh! eh! mon jeune ami, vous êtes donc bien terrible ce soir?

— De grâce, monsieur le duc, retirez-vous..... cela ne vous intéresse en rien.....

— Ce n'est pas mon avis, dit le capitaine ironiquement : nous parlions de votre femme, Monsieur...

— Oh! vraiment, ça n'est pas étonnant, tout le monde en parle... Ah! ah! ah!... Et ce n'est pas sans raison... Hi! hi! hi! hi!... Mais c'est qu'en vérité, on n'est pas jolie comme cela... Est-ce que vous n'êtes pas de cet avis, monsieur Darbilli?

— Monsieur le duc, je vous en conjure...

— Au contraire, Monsieur, interrompit l'officier, M. Darbilli est, sur mon honneur, l'homme qui sait le mieux ce que vaut votre femme... il sait cela mieux que vous, monsieur le duc; et, ne vous déplaise, il le savait avant vous...

7

— Le lâche! dit Ernest en se frappant le front.

— Qu'entendez-vous par ces paroles, s'il vous plaît? répliqua le duc en fronçant le sourcil pour se donner l'air terrible.

— Mon Dieu! Monsieur, allez-vous vous fâcher aussi? Vous auriez grand tort, en vérité; car enfin vous n'êtes que le mari, et vous devez avoir l'esprit bien fait; le mariage vous en fait une loi, je dirai même une nécessité... tandis que monsieur le secrétaire n'est pas le mari : il est bien plus que cela, monsieur le secrétaire...

— Ne comprenez-vous pas que madame la duchesse est horriblement outragée par cet homme? s'écria Ernest, qui ne pouvait se contenir.

Le duc pâlit, une peur hideuse s'empara de lui; il lui fut, pendant quelques secondes, impossible de prononcer un mot intelligible. Enfin après d'incroyables efforts, il dit :

— Je crois, en effet, que vous m'in-
sultez, Morsieur !

Le capitaine leva les épaules.

— Il croit ! dit de nouveau Ernest en
grinçant des dents et se frappant le visage
de ses deux mains.

Bien que cela se passât dans un endroit
des appartements où il y avait peu de
monde en ce moment, et que jusqu'alors
les trois interlocuteurs de cette scène
n'eussent pas élevé la voix, les gestes éner-
giques du jeune Darbilli furent remarqués
par quelques personnes qui s'approchèrent.
Le duc sentit enfin la honte lui monter au
front, et il s'écria impétueusement et avec
assez de résolution :

— Monsieur, une explication est indispensable; je la veux, je l'exige.

— Eh bien ! à la bonne heure, répondit l'officier; celui-ci au moins ne sera que
comique.

Puis se retournant vers M. de San-Attavila, il ajouta :

— Puisque vous le voulez absolument, Monsieur, il faudra bien vous satisfaire. J'aurai donc l'honneur de vous attendre avec vos témoins, demain, à l'entrée du bois de Vincennes.

— J'espère, monsieur le duc, dit Ernest avec une légère ironie, que vous voudrez bien me faire l'honneur de m'accepter pour second ?...

— Pour entendre l'explication ?...

— Pour me battre, Monsieur.

Les muscles de son visage étaient horriblement contractés.

— Mais il s'agit d'une explication, s'écria le duc effrayé et se repentant fort de s'être montré si exigeant, d'une explication pure et simple, et tout à fait dans les vues de conciliation...

Le capitaine éclata de rire ; Ernest faillit étouffer de rage.

— C'est assez, dit-il à M. Roch; nous serons au rendez-vous.

Puis entraînant dans une autre pièce M. de San-Attavila :

— Monsieur, lui dit-il, ma vie est à votre service, et je la sacrifierais bien volontiers au plaisir de me battre contre ce misérable...

— Bien, mon jeune ami, très bien !... Voilà de nobles sentiments... des sentiments excessivement louables... D'après cela, je ne puis pas être assez peu généreux pour vous priver d'un plaisir si grand...Vous vous battrez, mon jeune ami ; je vous permets de vous battre demain à ma place.

— Mais il ne voudra pas, l'infâme !...

— Vous croyez qu'il ne le voudra pas ?

M. le duc, dont le visage s'était un peu épanoui, recommença à trembler plus fort.

— Alors, s'il ne veut pas se battre, je ne vois pas pourquoi je le voudrais, moi...

— Oh ! vous êtes bien heureux, vous, Monsieur ; car s'il vous a horriblement insulté, au moins il ne vous refusera pas satisfaction.

— Diable ! mon jeune ami, je ne vois pas que cela soit très satisfaisant...

— Vous aurez au moins le plaisir de vous battre !...

— Ah ! vous appelez cela un plaisir !...

— Vous courrez la chance de lui passer votre épée au travers du corps !...

— Comment ! vous croyez qu'il n'y aurait pas moyen d'éviter ?...

— Il n'y en a qu'un, Monsieur le duc : c'est de consentir à vivre déshonoré !

Le pauvre homme ne se soutenait plus qu'avec peine, la frayeur qu'il ressentait à l'idée de se battre avait paralysé toutes ses facultés ; Ernest en eut pitié, le conduisit à sa voiture, et l'accompagna jusque

chez lui en s'efforçant de dissiper la terreur
qui paralysait les chétives facultés du noble
personnage, et lui renouvelant la promesse
de ne rien négliger pour obliger le capitaine à changer de résolution, c'est-à-dire
à l'accepter, lui Ernest, comme premier
adversaire.

UN SUCCESSEUR.

Le duc de San-Attavila passa une nuit affreuse ; il avait sans cesse devant les yeux le redoutable capitaine ; son regard étincelant le glaçait d'horreur, et il croyait à chaque instant sentir le fer pénétrer dans sa poitrine ; plus il pensait à Ernest, moins il se sentait de force.

— Ce fou-là, se disait-il, est capable de tout gâter... Et de quoi diable va-t-il s'aviser de parler de la duchesse à cet infernal capitaine qui m'a tout l'air de faire métier de tuer les gens ?... Je sais bien qu'il est tout naturel que ces petites gens qui sont si bas lèvent quelquefois les yeux vers nous ; mais tout doit se borner là,... Tout bien considéré, je crois qu'il serait très convenable que je partisse avant le jour, pour ma terre de Provence, où je suis bien le maître de passer deux ou trois mois ; et il serait bien fin s'il me découvrait là, cet enragé ferrailleur !... Oui, mais mon ambassade... Et ce petit Ernest qui prétend que je serais déshonoré... Je le connais ; quand il a une idée, il y tient, et il serait capable de publier partout... Parbleu ! j'avais bien besoin d'aller me mêler de la querelle de ces animaux-là !...

Le jeune Darbilli non plus ne dormait pas ; mais c'était la rage et non la peur qui le tenait éveillé. Au point du jour, il courut à l'hôtel du duc.

—Déjà, mon jeune ami !

— Oh ! monsieur le duc, c'est que je

n'ai jamais mieux senti combien la vengeance est chose délicieuse !

— Allons donc, tête folle !... Diable,
mon cher Ernest, il ne faut pas avoir de ces
idées-là... Ce ne serait pas le moyen d'arranger les choses...

— Eh ! pensez-vous donc, Monsieur,
qu'elles puissent s'arranger autrement que
les armes à la main ? Voudriez-vous que ni
vous ni moi ne pussions désormais paraître
dans le monde sans que chacun eût le droit
de dire en nous montrant du doigt : « Voici
des lâches ? »

— Il est vrai que ça aurait son inconvénient... je conviens que ce serait fort
désagréable ; mais, mon cher, il ne faut
pas exagérer les choses...

— Exagérer !... mais il y aurait de quoi
mourir de honte mille fois, Monsieur !...

Il prononça ces paroles avec tant d'é-
nergie, que le duc n'osa pas insister : il se
leva, se fit habiller et ordonna de mettre

les chevaux. Un quart-d'heure après, ils
étaient sur la route de Vincennes. Monsieur de San-Attavila ressemblait absolument à un condamné que l'on mène au
supplice. Le capitaine arriva en même
temps qu'eux sur le terrain ; il était accompagné de deux témoins, vers lesquels Ernest s'avança aussitôt, afin de régler les
conditions du combat ; mais ce fut inutilement qu'il insista pour obtenir que le capitaine se battît d'abord contre lui ; les témoins de M. Roch déclarèrent, qu'ils ne
souffriraient pas qu'il y eût d'engagement
autre qu'entre le capitaine et M. de San-
Attavila. Ce dernier crut entendre prononcer sa sentence ; il s'appuya contre un
arbre pendant que l'on mesurait le terrain,
et que l'on chargeait les pistolets ; puis tout
à coup, faisant un violent effort, il s'é-
cria :

— Mais, Messieurs, je veux une explication !... Elle est nécessaire, indispensa-

ble ! Car enfin, je ne sais pas encore positivement pourquoi je suis ici, et il faut que je le sache... Je vous somme de me le dire, Monsieur, ajouta-t-il en s'adressant à son adversaire.

— Oh ! Monsieur, répondit froidement le capitaine, ce serait une longue histoire, et j'ai l'habitude d'employer mieux mon temps.

— A quarante pas, Messieurs, interrompit l'un des témoins, et vous marcherez l'un sur l'autre.

— Allons, monsieur le duc ! dit avec force Ernest en lui présentant son arme.

Tous les moyens d'éluder la question étaient épuisés ; il fallait en finir. Le duc, malgré l'état de stupeur dans lequel il se trouvait, comprit néanmoins qu'il serait prudent de brusquer le dénouement. Il saisit donc l'arme avec une résolution apparente, et se laissa conduire à la distance convenue. Le capitaine fit d'abord quelques pas ; M. de San-Attavila ne bougea point.

— Marchez donc, Monsieur, lui cria le jeune Darbilli.

Il fit un pas en avant et deux en arrière. Le capitaine qui avait déjà franchi la moitié de la distance, s'arrêta, se croisa les bras et dit avec ce sourire ironique qui donnait à sa physionomie une expression si singulière :

— Monsieur, la politesse voudrait que vous fissiez au moins la moitié du chemin.

Le duc ne répondit point ; mais il fit feu. Alors l'officier s'adressant aux témoins :

— Messieurs, dit-il, vous trouverez bon que je ne prodigue pas inutilement ma bonne poudre anglaise.

Les forces de M. de San-Attavila étaient épuisées ; il tomba sans connaissance, et il fallut le porter à sa voiture. Au moment de partir, Ernest dit à l'officier :

— Monsieur, votre conduite est inqua-
lifiable ; vous m'offensez dans ce que j'ai de
plus cher, et c'est à un vieillard idiot que
vous me forcez de remettre le soin de me
venger.

— Ne vous fâchez pas si fort, monsieur
le secrétaire ; cela devait être ainsi ; car
enfin cette femme est la sienne et non la
vôtre.

— Mais cette femme m'aime et vous le
saviez.

— Eh ! Monsieur, que voulez-vous que
je fasse à cela ? cette femme a contracté la
mauvaise habitude d'aimer tout le monde,
et quoique j'aie entrepris de la corriger, je
crains bien d'en être pour mes peines.

— Nous nous reverrons...

— Peut-être.

— Et je saurais bien vous contraindre à
me donner satisfaction.

— Oh ! vous êtes trop difficile à satis-

faire. A votre place, moi, je serais enchanté.

A ces mots, il tourna les talons, et se
retira.

Cependant la situation du duc était
beaucoup plus grave qu'on ne l'avait imaginé.: arrivé à l'hôtel, il fallut le porter
dans son lit; le médecin déclara que c'était
une attaque d'apoplexie. Trois jours après,
il était mort. Ce jour-là même, Ernest
attachait un cordon rouge à sa boutonnière
pour la première fois, et il signait une lettre de condoléance à la duchesse, *le baron
Darbilli.*

Madame de San-Attavila était toujours
aimée du prince, et à cela près des persé-
cutions de ce maudit capitaine, qui ne
manquait aucune des occasions de la voir
et de lui répéter sans cesse qu'elle serait à
lui, à cela près, dis-je, c'était la plus heureuse femme du monde. Elle aimait tou-

jours Ernest, et elle en était aimée comm
le premier jour.

— Quand donc , ma Maria bien-ai
mée , lui disait-il un jour , quand donc r
vivras-tu que pour moi , pour moi seul
quand pourrons-nous nous aimer, nous
dire , nous le prouver tous les jours ,
chaque instant , sans contrainte , sans qu
personne sous le soleil puisse nous deman
der compte de notre conduite , de n
affections ?... Je pensais que ce devait ê
bientôt, ma reine chérie... Ne trouves-
pas ce supplice trop long ?... Ne somm :
nous pas libres maintenant ?... Et si no
ne le sommes point, serait-il si difficile
nous affranchir ?

— Encore quelque temps , Ernest ;
sens-tu pas combien je serai heureuse
te voir puissant et honoré autant que
dois l'être, autant que tu mérites de le d
venir ? Encore quelque temps , bon am
nous touchons à l'avenir de bonheur q

j'ai rêvé ; ne le perdons pas par trop de précipitatiou. Ce bonheur, je travaille à le rendre solide ; je veux que rien au monde ne puisse le venir troubler. Nous vivrons de la vie des élus, ma chère âme ; mais demeurons encore quelques instants sur cette terre, afin de prendre plus sûrement notre essor vers le ciel !..

LES GRISETTES. — PAULETTE.

C'était un dimanche, il y avait cercle à la cour ; la duchesse y assistait, le prince chassait, et Ernest se trouvait précisément dans cette disposition d'esprit qui lui faisait quelquefois regretter son heureuse obscurité et détester la fortune et les honneurs où l'avaient jeté l'amour, l'ambition et l'intrigue. Cette fois, le mal persistait ; le dégoût et le découragement allaient croissant depuis quelques heures ; cela en vint au point que le jeune homme eut des spasmes, et que, pour la première fois, des idées de suicide surgirent dans son cerveau.

— Après tout, se dit-il enfin, qui m'empêche donc de revoir mes anciens amis? Il pourra bien y avoir de la froideur d'abord ; mais bien certainement les braves garçons ne me repousseront pas..... et puis, si mon ruban rouge les offusque, je le mettrai dans ma poche ; s'ils en rient, j'en rirai le premier,... Et en effet, n'est-ce pas la chose la plus plaisante du monde que cette solennité avec laquelle on marque un homme sur la poitrine comme les bergers marquent leurs moutons sur le nez?.. Il y a, sur ma parole, de quoi mourir de rire à voir cette tourbe imbécile en extase devant les moutons du pouvoir.

Cette pensée folle chassa en un instant toutes celles qui l'avaient précédée. Ernest sembla revenu comme par enchantement à ce temps de bals, de grisettes, etc., etc., et résolu de mettre à profit cette heureuse disposition, il courut tout d'une haleine à ce joyeux jardin de la Chaumière qu'il ne pouvait oublier sous les lambris dorés d'un palais et dans la compagnie des princes.

Le temps était superbe, il y avait foule; d'un coup d'œil, Darbilli aperçut trente visages de sa connaissance.

— Tiens! c'est ce sauvage d'Ernest! s'écria-t-on en chœur.

— Oui, mes amis, c'est Ernest, mais pas plus sauvage qu'autrefois... Bonjour, Frédéric!.. bonjour, Gustave!.. Eh! c'est cette bonne petite Cécile... c'est bien cela, Albert, c'est très bien!.. constance, fidélité..... Vous donnez là un bien bel exemple.

— Ah! s'écria Gustave, ton père est-il devenu ministre depuis qu'on ne t'a vu? ou bien notre saint père le pape t'aurait-il fait chevalier de l'éperon d'or?.. C'est que, ma parole d'honneur, c'est bien un cordon rouge!..

— Eh! mon Dieu! mes amis, c'est un accident... que voulez-vous? personne

n'est à l'abri de cela... C'est une petite tri-
bulation qui peut atteindre le plus honnête
homme du monde... On m'a fait baron et
chevalier de la Légion-d'Honneur.

— Délicieux! délicieux! la plaisanterie
est excellente! s'écria Frédéric; mais attendu que nous ne sommes pas en carnaval,
et que l'estimable police est, comme tu
sais, très curieuse de son naturel, je t'en-
gage à ôter cela bien vite, de peur qu'un
honnête officier de paix ne s'avise de te demander ton brevet.

— Je le lui montrerais bien volontiers,
mon ami; car, ainsi que je te le disais tout
à l'heure, c'est un accident qui peut arriver à tout le monde... Et ceci n'est pas du
tout une plaisanterie.

— Ah çà, d'où viens-tu, pour nous
faire ces contes-là?..

— Je viens de chez le duc de Ber.., dont
j'ai l'honneur d'être le secrétaire des commandements..... Mais ne parlons plus de

cela, je vous en prie... Voici les quadrilles
qui se forment... en place!. Et puis, pour
peu que ça vous contrarie, je vais mettre ce
chiffon dans ma poche, et il n'en sera plus
question. Quant à ma baronnie, j'espère
bien que personne de vous ne m'en par-
lera.

— Oh! alors, dit Gustave, c'est excessivement différent!.. garde ton ruban, et
prends garde de te compromettre... Après
tout, tu as eu du bonheur, voilà tout, et ça
n'est pas défendu d'avoir du bonheur.

— D'autant plus, dit mademoiselle Cécile, que ça fait joliment à une boutonnière !..

— Et puis, dit mademoiselle Élisa, ça a
un air comme il faut, tout plein.

— La chaîne anglaise! cria le marchand de cachets.

A partir de ce moment, il s'écoula un
quart d'heure pendant lequel on ne s'occupa que d'entre-chats, ronds-de-jambes, etc.;

le tout, il est vrai, quelque peu entre-mêlé
de propos d'amour, grosses et joyeuses
plaisanteries, farces et grimaces à l'ordre du
our. Ernest était heureux ; il respirait la
oie par tous les pores, et tout ce qui lui
était arrivé depuis qu'il avait quitté son no-
ire, ne lui paraissait plus qu'un long et
auvais rêve qui venait de finir. Il eût
nsi dansé jusqu'au lendemain sans se
aindre de la multiplicité des figures ; mais
s anciens amis, et les demoiselles amies
e ces amis n'étaient pas tout à fait dans les
êmes dispositions.

— Certainement, dit gravement Frédé-
, la danse est un exercice agréable et sa-
taire ; cela donne de la tournure, de la
rce dans le jarret et de la grâce dans les
ouvements ; mais vous conviendrez que ça
écipite singulièrement la digestion.....
est au point que quatre dîners à trente-
ux sous y passeraient en vingt-quatre
ures...

Tous les amis se trouvèrent être de cet avis que vint encore renforcer l'opinion de ces demoiselles : il n'y eut que la danseuse d'Ernest qui ne dit rien, par la raison qu'elle se trouvait en ce moment dans un bosquet à l'extrémité du jardin, en compagnie d'un sous-lieutenant de hussards qui lui demandait une explication.

— Eh bien! messieurs, dit Ernest, je ne vois qu'un remède à ce mal, c'est d'aller nous mettre à table.....

Vous me permettrez de vous offrir, n'est-ce pas?...

La question était trop nettement posé pour donner lieu à de longs débats ; ell fut donc résolue affirmativement et l'unanimité, ce dont l'amphytrion fut en chanté : aussi fit-il admirablement l choses. Ces messieurs en étaient enchan tés ; ces demoiselles en étaient attendries et peu s'en fallut, quand vint le champa gne, qu'elles ne se jetassent au cou d'Er nest. C'était un beau triomphe pour M. le secrétaire des commandements ! Aussi comme il coula le champagne !... vite et longtemps, depuis huit heures du soir jusqu'à minuit environ ; peut-être même eût-il coulé jusqu'au point du jour, si l'une des gentilles convives n'avait fait la judicieuse observation qu'on ne pouvait pas coucher à la Chaumière.

— Eh bien ! Mesdemoiselles, dit Darbilli, ne nous couchons pas ; c'est très facile : nous n'avons qu'à rester à table.....

— Et ma tante ! dit Élisa ; elle ferait un eau train !..

— Et la portière ! s'écria Cécile ; ça feait un fameux cancan !..

— C'est vrai que c'est fièrement enuyant, les portiers, dit Julie ; moi, je ne voudrais pas demeurer dans une maison portier quand on me la donnerait pour ien...

— Pour moi, reprit Élisa, si ce n'était

que le portier, je m'en ficherais pas mal!

— Ah! répliqua Cécile, dirait-on que tu as bien peur de ta tante!..

— Tenez, Mesdemoiselles, dit Julie, si vous voulez, je me chargerai, demain matin, d'arranger tout ça... J'aurai eu une robe de mariée à finir ; vous m'aurez donné un coup de main... Justement, j'en ai une de finie, et je la montrerai à preuve...

— Bravo! bravo! cria la troupe joyeuse.

— C'est une chose convenue, dit Frédéric, quand le silence fut un peu rétabli; nous sommes trop bien ensemble pour nous quitter si tôt. Mais vous n'ignorez pas que les meilleures choses peuvent devenir fastidieuses et monotones; en conséquence, je propose, pour faire diversion, de changer le lieu de la séance, de nous transporter en masse chez l'estimable et charmante Julie, et de substituer le punch au champagne. Je vais, si vous me le permettez,

avoir l'honneur de vous développer mon
amendement...

— C'est inutile : nous acceptons.

Et toute la société, entassée dans deux
fiacres, roula vers le domicile de mademoi-
elle Julie, où l'on arriva bientôt... Pendant que ces demoiselles montaient à tâtons
l'escalier raide et étroit, Ernest et ses trois
amis faisaient, de vive force, ouvrir les
boutiques de l'épicier, du pâtissier, du
marchand de vin ; puis ils revinrent les
mains et les poches pleines, faisant des efforts inimaginables pour ne point battre
les murailles au préjudice des bouteilles
dont ils étaient chargés. Il y eut bien par
ci par là quelque sinistre : ainsi, par exemple, en entrant chez Julie, Ernest s'aperçut que, par suite d'un choc violent, le
contenu de deux bouteilles s'étant réfugié
dans ses bottes, il prenait un bain de pieds
au rhum du côté droit, et au vin de Madère du côté gauche; de son côté, Frédé-

ric s'occupait de classer dans leurs catégories respectives un bocal d'anchois et un pot de confitures qui avaient fraternisé dans le pan de sa redingote ; mais, en somme, le désastre était mince, on l'oublia bien vite, et la flamme bleuâtre d'un immense bol de punch ne tarda pas à raviver la joie dans le cœur de cette folle jeunesse.

Tout à coup Cécile, jetant les yeux autour de la table, et comptant les convives, s'écria :

— C'est dommage que nous soyons impair ; c'est capable de nous porter malheur.

— C'est ma foi vrai, dit Gustave ; une de plus, et nous pourrions danser.

— Si Paulette voulait ! dit à son tour Julie ; mais sa mère est partie ce matin en pélerinage au Calvaire avec un chantre de Saint-Eustache, et elle l'a enfermée en partant.

— Qu'est-ce que Paulette? demanda Ernest.

— Ah! c'est une bonne enfant, allez! C'est bien dommage qu'elle soit si simple, et que sa mère soit si dévote.

—Bah! dit Albert, on la guérira de ce défaut-là, soyez tranquille... Mais puisque la mère n'y est pas, ne pourrait-on pas essayer?..

—De la guérir?

— C'est-à-dire de lui ouvrir la porte d'abord.

— C'est ça! c'est ça! Elle sera bien attrapée, la vieille bigote?.. Messieurs, mesdemoiselles, vos clés.

Six clés tombèrent presque en même temps sur la table, et quelques verres volèrent en éclats. Julie s'empara des premières et courut à la porte de l'appartement qu'occupait madame Martineau, mère de la gentille Paulette.

— Paulette! Paulette! dormez-vous?

9

— Oh! non, mademoiselle ; on rit·d si bon cœur chez vous, et je me suis ta ennuyée tout le jour !..

— Eh bien ! voulez-vous venir rir avec nous ? ♦

— Ah ! je le voudrais bien ; mais ma· man ne doit revenir que demain, et je suis enfermée.

— Bon, bon, nous allons voir cela.

Les clés furent alors successivement essayées sans succès ; mais les libérateu ne se découragèrent pas ; on fit, à l'aid d'un marteau, quelques modifications celle qui s'adaptait le mieux à la serrure, et bientôt la porte s'ouvrit aux bruyante acclamations de l'assemblée. Paulette pa rut, on l'emporta en triomphe, et elle fu placée à table près d'Ernest, le seul qu n'eût pas de compagne. C'était une for jolie personne de seize ou dix-sept ans elle était pâle et avait les yeux un pe rouges ; elle avait tant pleuré, la pauv enfant, pendant cette longue journée de solitude! mais les couleurs lui revinrent bientôt; ses yeux reprirent toute leur vivacité, et Ernest ne put s'empêcher d'admirer ce visage de vierge qu'animait une gaieté d'enfant : car la jolie Paulette ne soupçonnait seulement pas qu'elle pût, chez son obligeante voisine, courir le moindre danger.

Cependant la nuit s'écoulait; depuis plus d'une heure le punch avait cessé de brûler. Bientôt deux de ces demoiselles s'endormirent sur leurs chaises ; Julie se jeta sur son lit; deux des amis d'Ernest ronflaient sur la table et le troisième dessous. Paulette se leva.

— Où allez-vous, ma belle amie? lui demanda Darbilli.

— Me coucher, Monsieur, car il est bien tard.

— Si tard que je ne sais s'il me sera possible de rentrer chez moi....

Il se leva à ces mots, présenta la main à la jeune fille et la conduisit jusqu'à la porte de sa chambre.

— Votre mère est bien cruelle, charmante Paulette, de vous emprisonner ainsi.

Elle baissa les yeux et rougit; sa main tremblait un peu. Ernest reprit :

— Ne seriez-vous pas heureuse d'obtenir un peu de liberté?

— Oh! bien heureuse, Monsieur!..

— Et s'il dépendait de vous d'être libre?

— Je ne vous comprends pas, Monsieur.

— Si jeune, si jolie, si douce, vous ne sauriez manquer de protecteurs... Et si j'osais vous offrir mon appui..... Ah! Paulette, ne me repoussez pas..... Et moi aussi je suis malheureux..... Si vous m'aimiez, je sens que je ne le serais plus .... Mais non, vous ne pouvez pas m'aimer.

— Et pourquoi donc ne le pourrais-je? s'écria ingénument la jeune fille.

Sa rougeur augmenta, elle trembla plus

fort, et essaya de dégager sa main que Darbilli tenait toujours; mais elle ne fit qu'un léger effort, car son cœur battait avec violence, et sa jolie tête était en feu. Ernest l'attira doucement dans ses bras, appuya ses lèvres sur son front angélique, et dit :

— Paulette, je vous aimerai toujours!..

Pour toute réponse, elle cacha sa tête dans le sein du jeune homme.....

Au point du jour Paulette pleurait et riait tour à tour; elle répondait par des baisers aux serments d'amour que lui faisait Ernest; et elle ne concevait pas la moindre crainte, le moindre soupçon : il n'y avait plus, dans son jeune cœur, de place que pour l'amour.

LES DEUX AMOURS.

— Qu'as-tu donc, mon Ernest? ton
front est soucieux; il semble que tes regards évitent les miens, et ta main aujour-
d'hui reste froide dans les miennes... Ernest, vous ne m'aimez plus!...

—Moi ne plus t'aimer, Maria! toujours,
toujours... mon cœur ne peut cesser d'être
à toi; ta voix seule suffit pour le faire battre
aujourd'hui comme au premier jour.

— Et quels peuvent donc être tes chagrins? comment se fait-il que tu en aies
qui ne soient pas les miens? Ne sens-tu

pas que le bonheur est proche, que bientôt nous nous appartiendrons sans contrainte, et que nous serons l'un à l'autre devant Dieu et devant les hommes?... Et tu es triste quand je te parle de ces choses!

— Maria, ce beau jour, tu sais comme depuis longtemps je l'appelle de tous mes vœux; le ciel m'est témoin que pour hâter sa venue, j'aurais bien volontiers et sans le moindre regret fait le sacrifice de ces honneurs et de cette fortune, que je te dois et que je supporte seulement à cause de cela.

Quelques jours encore, ami, et tous ces nuages seront dissipés.

— Et nous quitterons Paris, ce monde bruyant?

— Pourquoi? puisque nous n'aurons rien à en craindre. Ne marches-tu pas maintenant sur un chemin sans obstacles? ne peux-tu arriver aux plus hauts emplois dont tu es à la fois plus capable et plus digne que tant de sots titrés, qui seraient dans la fange si leurs aïeux n'avaient su, par hasard, manier une lance ou une épée?...

Ernest sourit, embrassa tendrement Maria, et dit :

— Voilà une philosophie que je ne croyais pas à l'usage des duchesses.

— Pourquoi donc ne raisonnerais-je pas, Monsieur, quand il s'agit de vous prouver...

— Ma bien-aimée Maria, j'ai tort, et je le confesse. Tes volontés ne doivent-elles pas être les miennes? n'es-tu pas mon ange tutélaire?... Aime-moi, belle amie; aime-moi toujours et ne nous quittons jamais, que m'importe le reste?..

Darbilli disait vrai; la duchesse n'avait pas de rivale dans son cœur; car ce n'était pas cet amour âcre, ardent, impétueux que lui avait inspiré la gentille Paulette : cet amour était doux comme la jeune fille; il la voyait avec plaisir, la quittait sans efforts ; il aimait sa naïveté, sa joie d'enfant, ses gros chagrins de quelques minutes.

Ce jour-là même, après avoir passé quelques heures près de Maria, il se rendit chez madame Martineau, dont il avait aisément acquis les bonnes grâces, en la recommandant à quelques personnages de sa connaissance ; car elle n'était pas aussi terrible qu'on aurait pu l'imaginer, madame Martineau. C'était au contraire une digne femme, qui, par amour de l'humanité, et aussi pour gagner quelque argent, s'était consacrée au soulagement du corps et de l'âme de quiconque avait les moyens et la volonté de prendre une garde-malade ou de payer une neuvaine ; cette estimable personne excellait surtout dans l'art de poser les sangsues et de prier pour les âmes du purgatoire ; elle entreprenait aussi les pélerinages dans la banlieue, et se chargeait, au plus juste prix, des pénitences imposées par des confesseurs trop sévères ;

9

leurs pénitents. Cette ingénieuse philanthropie faisait vivre dans l'aisance la sainte et bonne dame, et servait aussi à subvenir à quelques-uns des nombreux besoins d'un honorable chantre de Saint-Eustache, depuis longtemps épris des vertus de la sainte personne ; le surplus, soigneusement mis de côté, était destiné à parer aux nombreux accidents qui pouvaient suspendre les travaux de madame Martineau, et ce n'était jamais qu'à la dernière extrémité qu'elle en consacrait quelques parcelles à sa fille, la tendre et ingénue Paulette. Aussi l'ignorance de la pauvre petite était-elle complète : on ne lui avait fait apprendre ni à lire ni à écrire ; elle n'était presque jamais sortie de sa chambre que pour accompagner sa mère à l'église, et elle n'avait pas la moindre idée des usages du monde.

Ernest avait bien vite appris toutes ces particularités, et il avait résolu de réparer le mal autant que possible.

— Ma chère Paulette, ne serais-tu pas aise de t'instruire?... de pouvoir lire mes lettres et y répondre? de n'avoir plus à souffrir des caprices de ta mère? d'être libre enfin?

— Oh! oui, mon ami! Et j'apprendrais bien vite, j'en suis sûre; je serais si heureuse de te prouver, par tous les moyens, combien je t'aime... je t'écrirais tous les jours.... tous les jours! mon Dieu! quel bonheur!

— Non, pas tous les jours, ma bonne Paulette; cela pourrait avoir des inconvénients, te compromettre : il faut être raisonnable.

— Me compromettre!... Qu'est-ce que ça veut dire, Ernest?

— Mon enfant, c'est que le monde.....
il y a des choses qu'il faut qu'il ignore.

— Et qu'est-ce que cela lui fait au monde?... Est-ce que je ne suis pas la maîtresse de t'aimer de toutes mes forces?

— Tu ne peux pas comprendre encore cela, ma chère amie; mais tu dois comprendre aisément que j'ai plus d'expérience que toi, et que par conséquent, tu dois suivre mes conseils...

— Oh ! je ferai tout ce que tu voudras, Ernest... Tiens, je n'apprendrai rien, rien du tout, si ça te convient... Au fait, puisque tu m'aimes, et que je le sais, qu'ai-je besoin d'apprendre autre chose? Je sais que tu m'aimes, et je sais t'aimer, mon Ernest chéri...Oh! je t'en prie, ne m'apprends plus rien.., je ne veux pas être savante.

Et jetant ses jolis bras autour du cou du jeune homme, elle appuya bien fort ses lèvres sur les siennes, comme si elle eût voulu l'empêcher de répliquer. Aussi ne fût-ce qu'après un assez long silence qu'il put reprendre la conversation au point où elle avait été si doucement interrompue, et démontrer clairement à la tendre Paulette l'inconvénient qu'il y avait à se jeter ainsi dans l'extrême.

Il fut donc convenu que Darbilli paierait la pension de Paulette dans une maison de commerce; que plusieurs heures lui seraient accordées chaque jour pour prendre leçon des maîtres qu'il lui enverrait, et que cela durerait jusqu'à ce qu'elle eût acquis les connaissances nécessaires pour diriger un établissement de mercerie ou de nouveautés. Il ne manquait plus que le consentement de madame Martineau; mais ce n'était pas chose fort difficile à obtenir; car la sainte femme n'était pas disposée à risquer de perdre la protection de monsieur le baron; de plus, elle avait reconnu depuis quelque temps que l'esprit commençait à venir à Paulette, et elle craignait fort que le chantre de Saint-Eustache ne s'en aperçût. Ajoutez à cela que l'on était précisément dans la morte saison des neuvaines, et que les pratiques de madame Martineau sem-

blaient s'être donné le mot pour n'avoir
pas seulement une pauvre petite fluxion de
poitrine. C'était désespérant, et dans les cas
désespérés, on prend ce que l'on trouve.
La bonne dame accepta d'emblée.

— Ainsi, madame Martineau, vous consentez...

— Sainte mère des sept douleurs! certainement que je consens, monsieur le
baron.

— D'ailleurs, vous pourrez être tranquille; je veillerai à ce que Paulette soit
bien traitée.

— Ah! mon sauveur Jésus! elle est bien
heureuse! quand les temps sont si durs
que bientôt il n'y aura pas plus de religion
que dessus ma main... Remerciez donc
monsieur le baron, mam'selle!... Dire que
la chute des feuilles ne m'a pas seulement
fourni un poitrinaire... une méchante
pleurésie, quoi!... c'est une désolation.
Le commerce est bien bas, mon cher mon

sieur ; pour peu que ça continue, y faudra mettre ses dents au croc... Paulette, faites donc la révérence à monsieur le baron.

Paulette avait bien plus envie de se jeter dans les bras de son protecteur, mais elle se contint. Sa mère avait raison, l'esprit commençait à lui venir.

Deux jours après, la gentille Agnès était installée dans le comptoir d'un riche et élégant magasin, dont elle semblait être la maîtresse, tant on avait pour elle d'attentions délicates. C'est que Darbilli avait fait grandement les choses.

Le pauvre garçon, quoi qu'il fît, se sentait malheureux ; il voulait s'étourdir à tout prix, et il prodiguait l'or pour satisfaire la moindre fantaisie ; mais tous ses efforts ne pouvaient lui rendre cette gaieté qu'il regrettait tant : il était toujours triste et mécontent, l'ennui et le dégoût l'accompagnaient partout, même dans les bras de Maria, où, après les plus doux transports, il

se trouvait tout à coup assailli par cette
pensée hideuse que ces charmes divins
avaient été, peut-être quelques heures auparavant, souillés par les caresses d'un
autre... Et cet autre, il le connaissait! et
sa position l'obligeait à lui témoigner chaque jour, à chaque instant, respect et vénération... C'étaient là des tortures infernales : en quelques mois, le pauvre Ernest
avait vieilli de dix ans.

Paulette seule, la douce et timide, jeune
fille, apportait quelque soulagement à ses
maux; aussi la voyait-il souvent : il prenait
un plaisir bien vif à la former, à l'initier à
tous les usages du monde, et il applaudis-
sait aux progrès rapides qu'elle faisait.

— Au moins celle-ci n'est qu'à moi, n'a
été qu'à moi, ne sera qu'à moi, se disait-il
quelquefois comme pour se consoler. Mais
il avait beau faire, et sonder son cœur pour
se persuader que Paulette était la seule
femme qu'il aimât, c'était toujours l'image

de Maria qu'il retrouvait la première dans
ce cœur souffrant et ulcéré; c'était à Maria qu'il pensait pendant ses longues nuits
sans sommeil; c'était la voix de Maria qui
faisait vibrer toutes les fibres de son cœur;
c'étaient les caresses de Maria qui allu-
maient son sang, et faisaient circuler le feu
dans ses veines. Et pourtant, comme elle
l'aimait, cette douce Paulette! comme elle
était heureuse de lui appartenir! comme elle
avait du plaisir à passer ses jolies petites
mains dans les cheveux noirs et bouclés de
son bien-aimé, et à promener ses lèvres sur
ce front large que le chagrin et l'ennui
avaient ridé avant l'âge! Elle ne voulait que
ce qu'il voulait, n'avait pas un désir, pas
une pensée qui ne se raportassent à Ernest.
C'était pour lui plaire et pour plaire seulement à lui qu'elle avait appris la danse et la
musique... Pauvre enfant! elle se croyait
payée du plus tendre retour!..

Les choses en étaient là, lorsqu'un jour

le prince, dans un accès de bonne humeur, dit à Ernest :

— Eh bien ! qu'est-ce, Darbilli? ne
songeons-nous pas à renoncer à cette vie
de garçon !... Cette vie-là a son prix ; mais
il faut faire une fin, et songer un peu à l'a-
venir....

— Qu'ai-je à craindre de l'avenir,
Monseigneur? Grâce à vos bontés, je suis
riche, et tant que votre altesse royale m'ho-
norera de quelque estime, je n'aurai rien à
désirer.

— Bien, Darbilli, très bien !... mais
cela n'empêche pas qu'une jolie femme ait
son prix, et quoi qu'on en puisse dire, mon
ami, il y a plus d'avantages que d'inconvénients à être le mari d'une jolie femme.....
quand elle est riche surtout...

— Riche et jolie, Monseigneur, cela
n'est pas chose facile à trouver.

— Ah ! ah ! fripon, vous voulez me
faire prendre le change ; mais nous savons

de vos nouvelles; et malgré sa discrétion, il a bien fallu que madame de San—Attavila nous en dît quelque chose.

— Monseigneur... madame la duchesse est bien certainement...

— J'en étais sûr! voilà qu'il ne sait plus ce qu'il dit, et il prétend n'être pas amoureux!... Eh! mon ami! pourquoi ne pas en convenir tout de suite?... Est-ce qu'il y a du mal à cela?... Non, vrai Dieu! il n'y en a pas; et ce n'est pas moi qui m'opposerai à ce que cette affaire tourne à àvotre satisfaction... Cela est si vrai, que j'en ai déjà parlé au roi, mon ami, et j'ai la promesse pour vous de la première direction générale vacante. Ce sera mon présent du noces; car, quoique je vous aime, Darbilli, et que je sois très content de vos bons et loyaux services, je ne veux pas vous empêcher de faire votre chemin.

Ernest remercia le prince avec une effu-

sion apparente ; puis, quand il fut seul, il
s'écria :

— Il est bien heureux de ne plus l'aimer !

RÉCONCILIATION.

Cependant, Dominique avait fini par se
fâcher tout rouge contre son neveu ; il ne
le voyait plus, et Ernest s'en affligeait d'autant plus qu'il n'avait plus un ami à qui il
pût confier ses chagrins ; et ces regrets de-
venaient plus vifs chaque jour.

Enfin il résolut, quoi qu'il en pût arriver,
et quelque sévères que pussent être les reproches de Dominique, de ne pas tarder
davantage à solliciter son pardon. De son
côté, le bon oncle ne savait à qui s'en
prendre du malheur d'avoir perdu l'amitié

et la confiance de son neveu ; il détestait de
tout son cœur et marquises, et duchesses,
et princes du sang. Peu s'en fallait que,
dans son pessimisme, il ne détestât le genre
humain tout entier.

— Un si charmant garçon, se disait-il
dans l'amertume de son cœur ! une si belle
âme !.. Quand je pense qu'il n'a fallu à ces
noblions que quelques mois pour me gâter
tout cela ! Quand j'y pense, sacredieu ! je
suis tenté de me faire libéral, révolutionnaire, régicide, bête féroce et tout ce qui
s'ensuit... Jamais, non, jamais on n'a vu
chose pareille !... Et puis, qu'ils viennent
encore me vanter leur siècle des lumières,
ces écrivailleurs quotidiens !... Que l'enfer
les confonde, mille dieux ! eux, leur siècle,
leurs lumières et tout le diable et son
train !... Un siècle où deux bons enfants,
les meilleurs amis du monde, se brouillent
à propos d'un bout de ruban long comme

mon nez, et d'une bégueule de duchesse
qui ne vaut pas une prise de tabac...

Il était intarissable sur ce texte, l'honnête
Dominique, et c'était inutilememement que
son ami le chanoine lui faisait sur ce sujet
les plus sages représentations que corrobo-
rait encore l'avis de Charlotte ; car la bonne
fille s'était aperçue que M. Dominique
maigrissait, et que maintenant il ne
parlait plus du petit caveau, source de con-
solation ; et elle s'en affligeait sincèrement,
la bonne gouvernante...

Le bon oncle était précisément dans les
dispositions d'esprit dont nous venons de
parler, lorsque Ernest se présenta chez lui.

— Mon cher oncle, s'écria-t-il, je suis
bien coupable de vous avoir offensé ! vous,
si bon, si généreux ! vous, mon père
adoptif, et qui avez tant de droits à mon
respect, à ma reconnaissance...

— Eh ! arrive donc, mauvais sujet !..
Savez-vous bien, monsieur, que cela est

indigne, horrible, épouvantable !.. Comment, sacredieu ! parce qu'une bégueule qui fait son mari cocu s'avise de vous faire baron....

— Mon cher oncle, je vous en prie, ne parlons que de moi et de mes torts...

— Eh ! vraiment, mon garçon, c'est bien moins à toi que j'en veux qu'aux gens qui t'ont tourné la tête !... Mais je savais bien que ça ne durerait pas !... J'avais beau me désespérer, je finissais toujours par me dire que bon sang ne peut mentir et que le neveu de Dominique Darbilli ne pouvait pas être un infâme n'ayant ni cœur ni âme, encore que des marquises, des duchesses et des princes se missent en quatre pour le gâter... Je me disais que la Maria.. Tiens, cette femme-là me fait mal rien qu'à d'y penser... Embrasse-moi, et n'en parlons plus.

— Ah ! s'écria Ernest en se jetant da

les bras de son oncle, si vous la connais-
siez mieux !...

— Je la détesterais davantage probablement.

— Vous l'aimeriez, mon oncle !... Oh !
qui ne l'aimerait pas ! Si vous saviez comme
elle compatit à mes moindres peines ! Si
vous sentiez son âme de feu ! si...

— Si, si... que le diable t'emporte !...
C'est pour avoir su et avoir senti tout cela
que tu as cessé de m'aimer, moi, ton
meilleur ami ; moi, qui ne voyais que toi,
ne pensais qu'à toi, à ton avenir, à ton
bonheur... Quant à ton avenir, j'avoue
que je n'aurais pas été capable de le faire
aussi brillant ; mais ton bonheur, Ernest...
car enfin, tu ne me persuaderas pas que tu
sois heureux, témoin ce teint blême, ces
joues creuses, ce front ridé... Entre nous,
mon ami, les jeunes gens d'aujourd'hui
n'ont pas le sens commun !... D'abord ils
ne comprennent par l'amour... Et il ne

faut pas froncer le sourcil pour cela... non,
sacredieu ! ils ne le comprennent pas !..
Car enfin, je vous demande un peu pourquoi l'on est amoureux?... Est-ce par
hasard pour soupirer du matin au soir,
maigrir, sécher sur pied, se donner au
diable, se faire tuer ou aller se jeter à la ri-
vière?... Eh ! non, mille dieux! ce n'est
pas pour cela ; car alors l'amour serait le
plus grand des fléaux, tandis qu'il ne doit
être que le plus délicieux des plaisirs... Regarde, moi, par exemple, je te jure, ma
parole d'honneur, que j'ai été considéra-
blement amoureux dans ma vie... je l'ai
été étonnamment, immensément..... Eh
bien ! qu'est-ce que ça fait à l'économie
matérielle de mon individu? Rien ! c'est à
dire presque rien : seulement deux ou trois
courbatures et cinq ou six indigestions par
an... Ça n'est pas seulement la peine d'en
parler.

— Mais, mon cher oncle, tout le monde

ne peut être taillé sur le même modèle ; et puis, autres temps, autre mœurs...

— Et précisément, c'est le tort que l'on a eu de changer les mœurs... Il ne fallait rien changer, Monsieur !... Ne dérangeons pas le monde, mille dieux ! Par exemple, parce que vous avez ôté l'amour du paradis pour le mettre dans l'enfer, croyez-vous qu'il y ait de quoi se vanter, et que la gé-nération actuelle vous doive des actions de grâce ?

— Je ne crois rien, mon oncle, rien, sinon que je suis bien malheureux, car cela est incontestable, et que je le serai moins quand vous m'aurez rendu votre amitié...

— Diable ! mais il y a donc quelque chose que je ne sais pas ?... Allons, voyons, conte-moi cela.

— Vous allez trouver cela bien étrange : le prince veut que je me marie.

— Et ça te désole ? Je comprends au contraire parfaitement ; par exemple, qu'on veuille absolument me marier avec une femme que je ne connais ni d'Ève, ni d'Adam, qui est peut-être laide, vieille, et que je détesterai de tout mon cœur, je serai furieux, je...

— Mais la femme qu'on veut me donner est celle que j'aime, la duchesse de San-Attavila, à qui je dois tout, fortune, honneurs, et qui brûle du désir de me donner sa main...

— Oh! alors, c'est bien différent; il est vrai que ça commence à devenir tout à fait incompréhensible; mais ça ne me surprend pas, car tu es bien le plus drôle de corps que j'aie jamais vu. Vous êtes jeunes et riches tous les deux; vous vous aimez comme des tourtereaux, vous vous le dites tous les jours, vous vous le prouvez toutes les...

— Mon oncle!...

— Eh bien! quoi? Nous sommes seuls, sois tranquille; et entre nous on peut se

dire ces choses-là sans que ça tire à conséquence... Mais je devine, tu voudrais rester
l'amant, et ne pas être contraint à troquer
ce titre contre celui de mari...

— Il me serait bien difficile de vous dire
ce que je voudrais, mon cher oncle.

— En ce cas, il est tout simple que je
n'en sache rien moi-même... Prends-y
garde, au moins, Ernest; cela m'a tout
l'air de tourner à la folie... Envoie-moi
tous ces gens-là promener.

— C'est impossible.

— Eh bien, alors, marie-toi bien vite;
c'est le seul moyen de salut qui te reste.
Une fois marié, ta tête se refroidira; je ne
te donne pas deux mois pour cela; et quelle
que soit mon antipathie pour les liaisons
éternelles, les nœuds indissolubles, comme
ils disent, j'aime encore mieux te voir marié que fou. Et puis je serai toujours là
pour te donner des conseils, parce que,

10

vois-tu, je connais singulièrement le cœur féminin sans que ça paraisse.

Ernest sourit.

— Ah! tu ne crois pas cela, toi! mais tu verras, tu verras... Je veux qu'à la troisième vue ta femme soit enchantée de moi. Il ne faut pas que ça t'effraie, Ernest : tu es mon neveu, elle sera ma nièce, et, Dieu merci, on a encore des mœurs. Ainsi voilà qui est convenu : tu te maries, voilà tout; on ne t'en demande pas davantage; le reste me regarde... Et j'espère qu'il n'y aura plus de brouille... Tiens, mon garçon, si ça avait duré plus longtemps, j'étais obligé de faire rétrécir mes habits!

— Si j'avais le malheur de perdre votre amitié, je ne me le pardonnerais jamais.

Ils s'embrassèrent de grand cœur, et Dominique enchanté, bien que la situation morale de son neveu lui donnât quelque inquiétude, se promit de mener les choses rondement, et de telle sorte qu'Ernest aurait bientôt recouvré la santé de l'âme.

Darbilli, de son côté, se sentait moins malheureux; il était presque entièrement résigné, et l'avenir ne l'effrayait plus. Jamais peut-être, depuis son élévation, il n'avait éprouvé une satisfaction aussi vive, et Maria, chez laquelle il passa la soirée, ne fut pas la dernière à s'apercevoir de cet heureux changement, qu'elle attribuait à une cause tout autre que celle qui l'avait produit.

— Mon Ernest, lui dit-elle, le jour tant désiré est proche ; rien maintenant ne s'oppose à ce que notre bonheur soit complet. Le roi lui-même approuve notre union.

— Je le sais, Maria.

Et malgré lui son visage se rembrunit, car il ne put repousser la pensée que cette approbation du roi était une souillure de plus.

— Et quel jour as-tu choisi?... Toute la famille royale signera notre contrat, j'en ai l'assurance... J'espère que tu songes aux préparatifs, bon ami?... Mais, Monsieur, que signifie cette froideur?... Ernest, qu'as-tu donc?... Oh! mon Dieu! il ne m'aime plus!

— Je ne t'aime plus! s'écria-t-il en passant tout à coup de ce calme apparent à l'exaltation, je ne t'aime plus, Maria!.. Puis-je donc cesser de t'aimer sans cesser de vivre?

Il la prit dans ses bras, et la pressa contre son cœur. La duchesse aussi était vivement émue : car cette crainte qu'elle venait d'exprimer, elle l'avait réellement sentie.

— Oh! quel bien me font ces paroles, Ernest!... Oui, oui, je te crois... j'ai besoin de te croire pour ne pas mourir de douleur.

Il y eut à la suite de cette scène quelques larmes et des baisers : les amants ne sont pas avares de cela; puis on s'occupa des arrangements, on fixa le jour de la cérémonie, et Darbilli se retira toujours aussi amoureux et s'efforçant de chasser les pensées qui l'affligeaient si souvent.

Le lendemain, il vit Paulette, Paulette qui était toujours la fraîche et tendre jeune fille, heureuse du présent et ne songeant pas à l'avenir; mais qui joignait maintenant à ses grâces naturelles quelques connaissances utiles et des talents agréables..

— Oh! que tu t'es fait attendre, bon ami! quatre grands jours sans te voir!... Hier, je mourais d'envie d'aller chez toi; mais j'ai réfléchi qu'il fallait bien que tu eusses de puissantes raisons pour ne pas venir ou m'écrire un mot; je suis donc restée, et j'ai bien pleuré... Puis, le soir, j'ai chanté ces romances que tu aimes, cela m'a consolée un peu, et je me suis endormie en pensant à toi...

— Bonne Paulette!... C'est qu'en effet

des occupations sérieuses m'ont retenu...
mais cela n'arrivera plus, Paulette; non,
je te le promets, cela n'arrivera plus; je
veux chaque jour entendre tes douces paroles qui me font tant de bien... Je vais
aussi songer à te rendre tout à fait indé-
pendante; tu es en état maintenant de diriger un établissement semblable à celui où
tu es employée...

— Mais il y a quinze jours que j'ai con-
gédié la plupart de mes maîtres qui n'avaient
plus rien à m'enseigner.

— Oh! oh! prenez garde, Paulette, dit-
il en riant, je n'aime pas les femmes sa-
vantes.

—Eh bien, je vais tâcher de tout oublier.
Au fait, est-ce que j'ai besoin de tout cela
pour t'aimer?... C'est vous qui l'avez voulu,
Monsieur, et c'est à moi de vous pardonner; mais je ne le ferai qu'à condition que
vous ne me quitterez pas aujourd'hui...

Et ce fut encore un jour de bonheur;
mais ce jour passa comme un songe pour
Ernest que les ennuis attendaient au
réveil.

UNE SÉDUCTION.

La France, en ce temps-là, marchait au pas accéléré dans les voies du salut; il y avait des saints à la cour et des prêtres partout. Le roi communiait et allait à la procession ; les maréchaux de France portaient des cierges en guise de bâton, les jésuites faisaient force missions, plantaient force croix, vendaient force indulgences et chapelets, le tout dans l'intérêt des bonnes mœurs, et pour la plus grande gloire de la religion : aussi n'avait-on jamais fait tant bâtards et de miracles; c'était une béné-

diction ! Aussi la dévotion était-elle devenue un cheval à toutes selles, un passe-
partout sans pareil, un levier plus puissant
que celui dont parlait Archimède. Des
régiments entiers allaient à confesse en
sortant de la cantine ; les tambours ser-
vaient la messe, et les caporaux d'ordinaire avalaient le bon Dieu de deux jours
l'un. Les procureurs du roi étudiaient la
théologie, les juges s'affiliaient à la compagnie de Jésus. Il fallait être dévot pour
devenir quelque chose : on arrivait à tout
en passant par la sacristie, et c'était bien
alors que l'on pouvait dire : *hors l'église
point de salut.*

Madame de San-Attavila savait tout
cela, et elle n'était point femme à renoncer à ce moyen de ressaisir la puissance qui
lui échappait ; mais elle comprit que pour
marcher vite et avec succès dans cette voie
nouvelle, il fallait cacher le rôle de protégé
sous celui de protecteur ; qu'il fallait non

pas chercher un instrument de fortune tout
fait, mais en faire un, afin qu'il fût souple
et docile, et ne reçût d'impulsion que celle
que lui donnerait la volonté dont il émane-
rait. La duchesse songea donc à chercher
un directeur de conscience qui eût toutes
les qualités qu'elle lui voulait; mais ce
n'était pas chose facile à trouver dans ce
temps où la morgue des prêtres dépassait
tout ce que l'on peut imaginer, et où le
moindre sacristain était une puissance.

Maria chercha donc vainement d'abord
quelque jeune diacre ou sous-diacre dont
elle pût faire un évêque, afin qu'à son tour
il la fît ce qu'elle voulait devenir. Ce n'é-
tait pas que l'espèce manquât, elle pullu-
lait au contraire; mais aucun de ceux que
trouva la belle duchesse ne possédait les
qualités qu'elle jugeait indispensables : tous
étaient ardents, ambitieux, et bien plus
disposés, quelque chose qui arrivât, à tra-
vailler à leur propre élévation, qu'à conso-

lider et agrandir la puissance d'une femme.
Ce fut alors que Maria songea au directeur
de sa mère, le bon abbé Dumilard, qui,
content de sa fortune et de son titre de
chanoine, vivait plus que jamais retiré du
monde, mangeant son revenu en compagnie de Charlotte et de quelques bons amis,
au nombre desquels Dominique était toujours.

L'honnête chanoine, une fois mademoiselle de Valbois mariée, avait pensé que sa
protection était inutile, et s'était cru dégagé de la parole qu'il avait donnée à la
marquise dans la nuit mémorable que l'on
connaît; aussi avait-il presque entièrement
cessé de voir le marquis son ami, et il ne
paraissait plus au faubourg Saint-Germain
qu'à de longs intervalles; car il redoutait
plus que jamais ces aventures, qui pouvaient troubler sa douce quiétude, faire
refroidir son dîner ou troubler sa digestion.
Et cependant l'abbé Dumilard n'était pas

tout à fait un égoïste : il ne résistait guère au plaisir de rendre service ; seulement il évitait d'en trouver l'occasion.

Grande fut la surprise du bon homme qui se croyait presque entièrement oublié dans le grand monde, lorsqu'il vit arriver la duchesse chez lui.

— Il faut bien que je vienne à vous, mon père, puisque vous ne venez plus à moi, lui dit-elle en souriant.

— Eh ! madame la duchesse, seriez-vous donc si loin du bercail que vous ne puissiez y rentrer sans guide ?

— Mais, monsieur l'abbé, n'a-t-on besoin d'un guide que lorsque l'on est dans le mauvais chemin ; n'est-ce pas aussi pour persévérer dans la bonne voie que ses conseils nous sont utiles ?... Il n'est pas généreux d'abandonner comme vous le faites ce monde où vous pourriez faire tant de bien et empêcher tant de mal...

— Oh ! madame, il ne m'est pas donné

d'opérer de si grandes choses, et vous avez une trop haute opinion de votre serviteur. Je sens ma faiblesse, et je me rends justice. Que ferais-je, grand Dieu ! dans ce monde auquel je n'entends rien ?...

— J'ai grand'peur, monsieur l'abbé, que cette modestie vous soit inspirée par l'égoïsme. Ce monde, dont vous n'avez pas besoin, a besoin de vous, et il ne faut pas oublier que c'est bien plus pour autrui que pour vous-même que vous êtes revêtu d'un caractère sacré. Vous ne voulez point de dignité ; mais n'êtes-vous point responsable du bien que vous pourriez faire en vous résignant à accepter la mission à laquelle la Providence vous avait appelé ?

C'était quelque chose de bien extraordinaire que d'entendre cette jolie femme, dont les regards enflammés, le voluptueux abandon et l'organe délicieux s'accordaient si peu avec ce langage austère et mystique. Le bon chanoine était visiblement ému.

— De grâce, madame, dit-il, que voulez-vous de moi ?

— Des conseils, l'appui que vous m'a-
viez promis ; mais ce n'est point tant que
vous resterez dans cette obscurité pour laquelle vous n'êtes pas fait, que cet appui
que je réclame pourra être efficace.... Eh !
mon cher père spirituel, pourquoi vous ef-
frayer si fort de ce changement de position
qui est indispensable à l'accomplissement
de l'œuvre à laquelle vous êtes appelé ? la
cour, sous un roi éminemment religieux, a
cessé d'être un lieu de perdition ; on y ren-
contre plus de pieux prélats que de sei-
gneurs débauchés.

— Que ferais-je dans ces régions qui
me sont inconnues ?..

— Ce qu'il plaira à la Providence de
vous imposer, monsieur l'abbé. Encore
une fois, vous ne sauriez rester dans l'a-
baissement, lorsque de votre élévation dé-
pend peut-être le salut de plusieurs : il faut

vous résigner à porter la mitre, Monsieur...

— Oh! grâce, grâce, Madame, ayez pitié de moi, au nom de Dieu !.. Songez que je me fais vieux : me forcer à quitter cette maison où j'ai passé près de quarante ans, ce serait me tuer... Non, non, le Seigneur est plus indulgent : il n'impose à ses serviteurs que des obligations en rapport avec leurs forces... La mitre est trop pesante...

— Mais s'il était possible de vous la faire légère, monsieur l'abbé? si les choses pouvaient s'arranger de telle sorte que vous ne fussiez pas dans l'obligation de quitter cette demeure ; si l'on ne vous obligeait pas à changer vos habitudes ; si la dignité d'évêque, en vous donnant la facilité de faire beaucoup de bien, ne changeait rien à votre manière de vivre?.. Ne pourrait-on vous faire évêque *in partibus?*

Ces dernières paroles rassurèrent un peu le bon chanoine ; il commença à croire qu'effectivement il était appelé à de hautes destinées, et qu'il aurait tort de résister à la volonté divine.

— Que la volonté de Dieu et la vôtre soient faites, Madame! dit-il.

Ces paroles furent accompagnées d'un profond soupir, et Maria comprit qu'elle avait trouvé l'homme qu'il lui fallait.

— Ainsi donc, vous consentez à être mon guide?.. Ah! Monsieur, quelle douce joie cette assurance fait pénétrer dans mon cœur!.. Comptez sur ma reconnaissance éternelle...

Elle prit, en parlant ainsi, les mains du vieux chanoine et les serra tendrement dans les siennes, tandis que ses beaux yeux cherchaient à lire sur la physionomie de son interlocuteur l'effet produit par de si douces paroles et ces vives protestations d'attachement. C'est qu'en effet la situation morale de M. Dumilard était fort singulière : jamais le bon abbé n'avait eu à combattre de

si puissantes séductions; jamais bouche
aussi vermeille et si fraîche ne l'avait sup-
plié d'une manière aussi ravissante. Son
visage, quelque peu rouge et bourgeonné
d'ordinaire, était devenu animé, rayonnant,
resplendissant; ses yeux, ordinairement si
peu expressifs, avaient acquis tout à coup
une vivacité prodigieuse; et lorsqu'il sentit
ses grosses mains potelées doucement ser-
rées dans les doigts roses et effilées de Maria,
peu s'en fallut que la peur ne le prît, et
que, nouveau Joseph, il ne s'enfuît précipitamment, au risque de laisser quelques
fragments de ses manchettes entre les mains
de la jolie séductrice.

Maria se leva; il était temps! Les ar-
tères du vieillard battaient avec tant de violence, qu'une attaque d'appoplexie paraissait
imminente. Toutefois la belle duchesse ne
se retira qu'après avoir fait promettre à son
saint directeur de lui rendre dès le lendemain la visite qu'il venait d'en recevoir.

11.

— C'en est fait! mon enfant; s'écria-t-il lorsqu'il fut seul avec Charlotte, ç'en est fait, je l'ai promis: je ne puis plus m'en défendre.

— Ah! mon Dieu! Monsieur, qu'est-ce qui vous est donc arrivé? Sainte Vierge! dans quel état vous êtes! Attendez... que je vous essuie le visage... Tenez, Monsieur, il y a longtemps que je l'ai remarqué, ces visites-là vous sont tout à fait contraires... Elle en avait donc bien long à vous dire, cette belle dame?

— Mon enfant, je l'ai promis... ah!.. ouf!.. je n'en puis plus... Ce gigot de tantôt était terriblement lourd, Charlotte... et je crois que j'ai mangé trop de melon... mais aussi qui se serait attendu...

Écoutez donc, Monsieur, promettre et tenir sont deux; à l'impossible nul n'est tenu... Mais qu'avez-vous donc promis de si terrible?

— J'ai eu tort, Charlotte... Oui, je sens

maintenant que j'ai eu tort... d'abord de manger trop de melon, et ensuite de me laisser aller à la tentation... mais j'en prends le ciel à témoin, saint Antoine lui-même n'y eût pas résisté...

— Comment, Monsieur, il serait possible !.. à votre âge, vous souffrez qu'on vous fasse...

— Non, Charlotte, non, je ne l'ai pas souffert, ma fille ; mais j'ai promis de le souffrir incessamment... Fais-moi du thé, Charlotte.

— Mais c'est donc un démon incarné que cette femme-là ? elle vous a donc jeté un sort ?.. Miséricorde ! venir me dire des choses pareilles, après vingt ans de mén... c'est-à-dire de service... Dame ! on n'est pas maître de ça ; je puis bien m'embrouiller... Faire de ces promesses-là quand il y a plus de... mais ça n'a ni rime ni raison, Monsieur ! non, ça n'a pas le sens commun, et je ne le souffrirai pas... Bonne sainte

Vierge Marie! qu'elle y vienne votre duchesse, et je lui ferai voir..... Tenez, ava-
lez ça pendant que c'est chaud... ça vous
fera du bien... Ce n'est pas votre duchesse
qui en ferait autant pour vous, et-pourtant
vous lui avez promis...

— Hélas! c'est trop vrai, j'ai eu la faiblesse de lui promettre... sucre-moi ça, ma
fille... de lui promettre que je me laisserais
faire évêque.,. Dieu soit loué! je crois que
le melon passera!.. Il est vrai que c'est à la
condition que ça ne me forcera pas à changer de manière de vivre... Seulement tu
auras soin de faire un peu plus cuire le gigot et d'avoir des melons un peu moins
gros...

— Sainte mère de Dieu! je respire! si
ce n'est que ça...

— Eh! que voudrais-tu donc que ce fût,
Charlotte? N'est-ce rien que d'être obligé
de porter une mitre et une crosse, d'aller à
la cour, d'avoir à diriger des consciences

de princes, de ministres, d'ambassadeurs, de jolies femmes?

— Je ne dis pas certainement que... mais c'est bien gentil aussi de s'entendre appeler monseigneur... d'autant plus qu'il n'est pas défendu à un prélat d'avoir une gouvernante respectable qui...

— Je me sens mieux, mon enfant, je me sens beaucoup mieux... A bien examiner les choses, je crois en effet que le melon n'est pas tout à fait aussi indigeste qu'on le dit, et que la qualité d'évêque entraîne beaucoup moins d'inconvénients que je ne l'avais imaginé... Quant aux princes, ministres, etc... je serai avec eux de si bonne composition que les séances ne seront pas longues; et pour ce qui est des jolies femmes, j'aurai soin de ne pas leur donner audience après le dîner.

DES PLACES ET DE L'ARGENT.

Plusieurs jours s'étaient écoulés sans que la belle duchesse eût vu Ernest, et, bien qu'elle l'aimât toujours, à peine avait-elle pensé à lui, tant elle travaillait avec ardeur au but qu'elle s'était proposé. Déjà l'amour du prince se refroidissait sensiblement; elle s'en était aperçue et mettait le temps à profit, en s'occupant à la fois de ses amis et de ses ennemis. Le plus redoutable de ces derniers était bien certainement le capitaine Roch; elle le savait, et se proposait de ne pas l'oublier lorsqu'elle trouverait l'occasion d'en finir avec lui. Cette occasion ne se fit pas attendre. On parlait depuis quelque temps d'un changement de ministère. Le ministre de la guerre, qui se sentait les meilleures dispositions pour continuer à pêcher en eau trouble, ayant eu vent du projet, et voulant tenter de conjurer l'orage, vint, du premier coup, frapper à la bonne porte, et se fit annoncer chez madame San—Attavila au moment où la belle duchesse dressait sa troisième liste de ministres qu'elle s'empressa de mettre sous clé.

— Vous savez la nouvelle, belle dame? dit-il après les compliments d'usage.

— J'en sais dix, monsieur le comte : de laquelle voulez-vous parler?

— Oh! il n'y en a qu'une grande, importante... Il paraît que la majorité nous échappe, et avec la majorité les portefeuilles, bien entendu. Qui croirait ces animaux de députés capables de cela?..... Pendant trois sessions consécutives ; on les bourre, on les charge, on les gorge, on les fait manger en même temps à deux, trois, dix râteliers, et ils vous tournent le dos dès qu'ils en trouvent l'occasion. Plus on les a payés, plus ils sont impatients de se re-vendre... C'est, sur mon honneur, une bien sotte chose qu'un gouvernement re-présentatif !...

— Pas tant que vous voulez avoir l'air de le croire, monsieur le comte ; mais le pouvoir est aveugle : on néglige ses anciens amis pour en faire de nouveaux... Il n'y a pourtant encore rien de résolu.

— Cela est résolu au pavillon Marsan, et vous le savez mieux que nous, jolie mé-chante ; car nous connaissons votre in-flence en ce lieu..... Peut-être même... Si vous aviez voulu...

— Ah ! monsieur le comte, grâce !... je crois, en vérité, que vous seriez homme à me traiter comme un député du centre.

— Oh ! oh !... les ministres du roi savent mieux leur monde, Madame... ils aiment surtout à montrer de la gratitude à de charmantes protectrices... Avec vous, Mesdames, leur système est la paix à tout prix.

— Eh ! bon Dieu ! aidez-vous et l'on vous aidera.

— Ne suis-je pas à vos ordres ?... Le duc de B... a tant de confiance en vos lumières ! et monseigneur est l'oracle du pavillon Marsan... Pourquoi nous faire la guerre, Madame, quand vous pouvez imposer la paix ? posez vos conditions, et nous les acceptons à l'avance.

Madame de San-Attavila, minauda quelques instants encore ; mais le ministre l'eut bientôt forcée jusque dans ses derniers retranchements. Il y eut alors des demi-mots, des questions qui n'avaient l'air de s'adresser à personne, et une foule de choses sous-entendues, qui furent clairement com-

prises. Quand le ministre se retira, il était
radieux. Deux heures après, la duchesse
recevait du président du conseil un paquet
volumineux, et une heure plus tard elle en-
voyait elle-même au capitaine Roch un
brevet de colonel avec l'ordre de rejoindre
immédiatement son régiment à Stras-
bourg.

Depuis plusieurs années le capitaine
était en disponibilité, et tous ses efforts
pour être mis en activité avaient été infruc-
tueux. Grande fut donc sa surprise à la
réception de ce message; il croyait rêver,
et ne comprenait point comment un capitaine qu'on avait repoussé vingt fois, quand
il sollicitait de l'emploi dans son grade, se
trouvait être fait colonel alors qu'il ne demandait rien. Mais sa surprise cessa dès
qu'il eut pensé à la duchesse. Il courut
aussitôt chez elle, et fut reçu sans difficulté;
car Maria croyait fermement n'avoir plus
rien à redouter de cet homme.

—Madame, dit-il, j'ai l'honneur de vous présenter un colonel de votre façon...

—Et quand cela serait, Monsieur? quand j'aurais contribué à vous faire rendre justice?...

— Justice!... Ne profanez pas ce mot... Cet acte, Madame, est une injustice horrible; on fait ainsi à une foule d'officiers, d'un mérite incontestable, un passe-droit que rien ne justifie.

— N'êtes-vous pas le maître d'accepter ou de refuser?

—Peut-être; mais rassurez-vous, je ne refuserai pas. Je partirai demain pour l'exil qu'il vous a plu de m'assigner.

—Vous êtes bien injuste et bien cruel, Monsieur!...

L'amour-propre de la duchesse était horriblement froissé, elle avait des larmes dans la voix en prononçant ces dernières paroles, et ce fut inutilement qu'elle voulut dissimuler celles qui roulaient sous ses paupières.

— Oh! pleurez, pleurez, Maria!... Pleurez sur vous et sur moi... Quel bien me font ces larmes!...

Et cet homme ordinairement si froid, si impassible en apparence, était là, debout, le visage en feu, les bras tendus; sa poitrine était haletante, et ses yeux lançaient des éclairs. Madame de San-Attavila en fut effrayée; elle recula de quelques pas, et se laissa tomber dans un fauteuil.

— Rassurez-vous, reprit-il, ce n'est pas maintenant que je suis à craindre...

Ses traits exprimèrent tout à coup la plus violente douleur, et pendant plusieurs minutes il ne prononça pas un mot; puis enfin d'une voix étouffée, il dit:

— Adieu, Maria!.. Il y a entre vous et moi un abîme qu'un peu de sang, quelques larmes et un brevet de colonel ne sauraient combler.

Il sortit sans attendre de réponse.

Le lendemain Ernest fut nommé conseiller d'État; puis on le fit membre de cinq ou six commissions dont le travail le plus clair consistait à recevoir de formidables appointements. Aussi commençait-il à se consoler d'être quelque chose. Tout cela ne laissa pas le ministère en masse d'être changé quelques jours après, et cela était inévitable, car il était usé pour tout le monde. On mit donc très raisonnablement ces instruments inutiles au rebut, c'est-à-dire qu'on en fit des ministres d'État avec vingt mille francs de traitement chacun; car l'ordre de choses de ce temps-là ne renvoyait jamais les gens avec les mains vides.

Le grand jour approchait, et les occupations d'Ernest se multipliaient à l'infini. La duchesse ne souffrait pas qu'il la quittât : on intriguait, on se faisait des amis et des créatures; on se donnait toutes

les peines imaginables pour entrer promptement en possession de cette direction
générale, solennellement promise, et que,
malgré cela, on redoutait de se voir enlever. Rois et princes sont oublieux de leur
nature : Maria le savait, elle savait aussi
que, quand l'idole est renversée, l'offrande
ne vient plus, et elle agissait en conséquence, profitant du temps qu'elle avait
encore à rester debout pour se créer tous
les moyens de se relever majestueusement
quand le temps serait venu. Ernest se sou-
mettait avec résignation à toutes les exi-
geances de sa situation : dominé par l'a-
mour que lui avait inspiré cette femme, il
marchait en quelque sorte tête baissée dans
ce dédale où elle l'avait entraîné.

— Pauvre garçon, lui disait quelquefois
Dominique, c'était bien la peine de changer de métier pour te tuer ainsi le corps et
l'âme ! Quand tu seras devenu duc et pair,
et que la phthisie t'emportera, en seras-tu

plus avancé? Ne sais-tu pas que manant
debout vaut mieux qu'empereur enterré?..
Tiens, Ernest, j'ai beau me raisonner,
chercher à me convaincre de l'avantage
qu'il y a à porter un ruban à sa boutonnière, et à se faire appeler monsieur le
baron ou monsieur le duc, je suis toujours
forcé de convenir que cela ne vaut pas une
santé solide, quelques bons amis, de gentilles maîtresses, et les dîners sans façons
comme nous en avons fait quelquefois ensemble. Crois-moi, Ernest, prends du repos, il est temps.

— C'est aussi mon intention, mon
oncle.

— Intention, intention, belle con-
solation que tu nous donnes là! L'enfer
est pavé de bonnes intentions, mon ami, et
j'ai grand'peur que tu n'y portes bientôt les
tiennes.

— Tout cela va changer dès que je serai
marié...

— Bon ! c'est-à-dire que tu imagines qu'un directeur-général a moins d'occupations qu'un secrétaire des commandements, et que ta duchesse sera moins exigeante quand elle sera devenue baronne ! Encore si je pouvais te soulager, porter une partie de ce fardeau qui t'écrase....

Quelques jours après, tout était consommé. L'abdé Dumilard était nommé évêque *in partibus infidelium*, c'est-à-dire prélat d'un diocèse sans prêtres, sans églises, sans fidèles, et où on l'eût probablement empalé s'il se fût avisé d'y mettre le pied. Ernest avait été fait comte, et, à défaut de direction générale, on l'avait fait secrétaire général d'un ministère. Quant à la belle Maria, désormais comtesse Darbilli, elle intriguait comme devant, faisait plus que jamais de religion métier et marchandise ; aussi jouissait-elle d'une haute faveur. Elle avait échangé l'amour d'un prince contre la protection d'un roi avec cinquante pour cent de retour, et elle prétendait ne pas s'en tenir là.

— Mais, mon garçon, disait Dominique à son neveu, je croyais que tu voulais te retirer des affaires, prendre du repos, jouir de ta fortune enfin ; et je vois que tu travailles plus que jamais, que tu te cramponnes aux grands emplois....

— Que voulez-vons, mon cher oncle, on ne quitte pas aussi facilement que vous l'imaginez une route que l'on a eu tant de peine à aplanir ; puis on se doit à son pays, à son roi avant tout.

— Et tu imagines que le roi et le pays ne sauraient se passer de toi ?

— C'est une vérité que je déplore ; j'étais nécessaire, je suis devenu indispensable.

—En vérité?.. Diable! alors je te plains de tout mon cœur d'avoir tant d'esprit ; car, avec ce régime-là, tu ne saurais tarder à grossir le nombre des grands hommes qui

ont élu domicile au Père-Lachaise.... et il
faudra bien que la patrie et le roi s'en ar-
rangent. C'est étonnant! ils sont tous
comme cela quand ils ont mordu à l'hame-
çon du pouvoir; le diable ne les en décro-
cherait pas..... Ah! sacredieu! si j'avais
prévu tout cela lorsque tu grossoyais des
contrats, j'y eusse mis bon ordre! Il est
vrai que tu ne serais encore que premier
clerc, ou quelque chose de semblable; mais
tu aurais conservé ta gaieté, ta santé; tu
n'aurais pas, à vingt-six ans, l'air d'en avoir
soixante, et je ne serais pas exposé à dîner
seul les trois quarts du temps... Oui, seul,
puisque tu m'as tout enlevé; tout, jusqu'à
ce bon et vieil ami, l'abbé Dumilard qui
était toujours de si belle humeur et avait de
si bon vin..... Eh bien! lui aussi est méconnaissable depuis que vous l'avez fait
évêque; il a maigri de moitié, et je gage-
rais que maintenant il ne se donne pas une
petite indigestion tous les mois, lui qui en

avait régulièrement deux ou trois par semaine!... Charlotte est inconsolable, la
pauvre bonne fille! et, comme ce grand
capitaine qui criait incessament :—«Varus,
rends-moi mes légions!» elle finit toutes ses
prières par ces mots qui peignent toute la
bonté de son cœur :— Bonne sainte Vierge,
rendez-moi mon chanoine!...

Dominique s'arrêta, car la respiration
lui manquait, et, pour toute réponse,
Ernest sourit; mais ce rire n'était point
communicatif, et il ne diminua point l'af-
fliction profonde du bon oncle, qui, dans
l'amertume de son cœur, disait quelquefois :

— Le pauvre garçon veut devenir ministre, et il ne voit pas qu'il y a entre lui
et le portefeuille après lequel il aspire, une
gastrite bien conditionnée qui les empêchera
de se rencontrer !...

Ces paroles étaient prophétiques; la
santé d'Ernest s'altérait chaque jour de plus

en plus. Atteint d'une maladie mortelle il vit arriver pas à pas une mort inevitable et, victime de l'insatiable ambition que Maria lui avait jetée au cœur, il expira dans les bras de son oncle.

Six mois après, l'ex-duchesse, la veuve du baron Darbilli était la maîtresse de M. Roch qui la méprisait trop pour en faire sa femme, bien qu'elle l'eût fait maréchal-de-camp.

Quant à Paulette elle pleura longtemps son Ernest en compagnie de Dominique à qui Darbilli l'avait recommandée; puis tous deux se consolèrent, car il n'est pas de douleur éternelle. Dominique en vint à se persuader, malgré son amour de l'indépendance, qu'il était temps de faire ce qu'on appelle *une fin*, et pour la faire douce, le vieux renard épousa sa protégée.

FIN.

LAGNY. — IMPRIMERIE DE GIROUX ET VIALAT.

www.ingramcontent.com/pod-product-compliance
Lightning Source LLC
Chambersburg PA
CBHW070607100426
42744CB00006B/421